Amri Kumi za Mungu
&
Mafundisho
ya Yesu wa Nazareti Mlimani

Neno la milele,
Mungu mmoja, Roho huru,
ananena kupitia Gabriele,
kama vile pia alivyonena kupitia
manabii wote wa Mungu:
Abrahamu, Musa, Isaya, Yobu, Elia
na Yesu wa Nazareti,
Kristo wa Mungu

Amri Kumi za MUNGU

zilizotolewa kupitia Musa,
na kufafanuliwa katika usemi wa siku hizi
na kufunuliwa kwa Gabriele,
nabii na mjumbe wa Mungu

&

Mafundisho

ya Yesu wa Nazareti Mlimani
iliyofafanuliwa, kurekebishwa na kutafsiriwa
kwa kina na Kristo Mwenyewe,
na kufunuliwa kwa Gabriele,
nabii na mjumbe wa Mungu

Gabriele Publishing
The Word

Amri Kumi za Mungu
&
Mafundisho ya Yesu wa Nazareti Mlimani

First Edition in Swahili: August 2022
1ère édition en Swahili: Août 2022

Translated from the original German title:
Traduit de l'allemand, titre original:

Die Zehn Gebote Gottes & Die Bergpredigt des Jesus von Nazareth

The German edition is the work of reference
for all questions regarding the meaning of the contents
Pour toute question se rapportant au sens,
l'édition allemande fait autorité

Order No./ N° de comm.: S182TBSWPOD
ISBN: 978-3-96446-289-3

Yaliyomo

Amri Kumi za MUNGU

zilizotolewa kupitia Musa,
na kufafanuliwa katika
usemi wa siku hizi
na kufunuliwa kwa Gabriele,
nabii na mjumbe wa Mungu

Yaliyomo

Amri Kumi za Mungu, zilizofafanuliwa katika usemi wa siku hizi

Dibaji

Andiko lina nguvu ya utendaji mara tu mtu anapoanza kuzishika Amri. Ni kwa namna hiyo ndiyo hatua kwa hatua anakomaa katika sheria ya ulimwenguni pote ya upendo na ya Uzima. Ni yule tu anayetekeleza Amri kwa upendo wa dhati na kwa moyo wote ndiye anayo dhamiri ya sheria ya ulimwenguni pote na ni yeye ndiye atakayegundua pia ukweli ulio ndani ya nafsi ya mtu.

Mungu aliwatolea watu Amri Kumi kupitia Musa.

Roho wa Mungu ni uhuru. Roho huru, aliye popote, wa milele, aitwaye MUNGU katika nchi za magharibi, ni uzima ulio popote, maisha iliyo popote. Yeye ni nguvu ya ulimwengu, Mto ndani ya jua na sayari tukufu. Ni uzima ndani na juu ya uso wote wa dunia, ni uzima ndani ya kila mmea, ndani ya kila mnyama, ndani ya kila jiwe na vilevile ndani ya kila mtu na nafsi zote. Roho huru, aliye popote, Mungu, ni nguvu iliyo pote ulimwenguni ndani ya kile kisicho na mwisho au mpaka.

Mungu, Wamilele, aliwatolea wanae wanadamu Amri Zake kutokana na upendo Wake na ambazo ni mashauri halisi ya uzima, sehemu za sheria ya milele na ya ulimwenguni pote ya Yule asiye na mwisho. Jinsi ndani ya mfumo wa Maisha ya milele, wa Uzima wa milele, vyote vimo ndani mwa vyote, hivyo pia kila mojawapo ya Amri imo ndani ya nyingine zote.

Tuna wajibu wa kutimiza Amri za Mmoja wa ulimwenguni pote maishani mwetu duniani, yaani wajibu wa kuzishika badala ya kuridhika na kuzijua au kuzisoma tu. Amri za mungu hazina katazo hata moja. Kwa kuwa Roho huru ni uhuru, hayo yana maana kwamba mwanadamu ana uhuru kabisa wa kukubali maonyo ya Mungu na kuyashika au la.

Kuona kwamba Mungu haingilii kati maisha ya mwanadamu, mtu ni mhusika wa maisha yake, yaani mhusika wa hisi, hisia, mawazo, maneno, na matendo yake mwenyewe.

Amri za mungu ni vipengele, au sehemu za sheria ya milele ya ufalme wa Mungu. Amri zinasaidia wote wanaoitegemea sheria hiyo kuishika na kuitimiza, na kufikia hivyo maadili na wema wa kiwango cha juu, vinavyomtakasa mwanadamu, vinavyotakasa fikra, maneno na matendo yake. Yule anayetimiza Amri za Mungu hutakasa pia hisia zake na kuendeleza mitazamo safi ya maisha. Anatambua kwamba mazingira na wanyama ni sehemu pia ya umoja katika Mungu. Kushika Amri za Mungu kunamfanya mtu awe huru na tajiri kiroho.

Amri za Mungu ni pendekezo ambayo Mungu, Roho huru, anamtolea kila mmoja wetu. Anatuomba tuzitekeleze maishani mwetu, kiasi kwamba maadili tunayojifunza hivyo ituwezeshe kuelewa ni nini haki, umoja na upendo wa Mungu na wa jirani. Kwa kutimiza moja kwa moja Amri hizo, tunakaribia uzima ambao ni Roho huru: Mungu, Roho wa ulimwenguni pote aliye ndani ya vitu vyote.

Muda wa utekelezaji huo wa hatua kwa hatua wa Amri, tunakuza mtazamo wa kina sana wa mambo na kutambua pia ndani mwetu wenyewe kwamba Roho huru, aliye pote, yumo pia ndani mwetu.

Tunarudilia: Uzima ni Mungu, Roho huru, aliye Yuleyule ndani ya utamaduni wa kila jamii ya dunia nzima. Ndani ya kila utamaduni, Mungu ni tofauti pia wingi usio na mwisho wa uzima safi. Kila Amri ya Mungu ni mlango unaoongoza kwenye utimilifu wa Uzima, kwani Mungu, Roho huru ni Uzima. Ikiwa kwa namna yetu nzuri ya kufikiri na kutenda, tunazama ndani ya Uzima, ndani ya vyanzo vya maisha halisi, tunagundua kwamba kila Amri ina sura nyingi za uzima halisi ndani mwake na kwamba kama chanzo cha nguvu, imo ndani ya Amri zingine. Wakati tunaposimulia kuhusu «Roho huru», ambaye katika nchi za magharibi huitwa Mungu, hatuongei kuhusu Mungu ambaye mapadri na wachungaji wanahubiria watu.

Kama mwanadamu, Yesu wa Nazareti alikuwa Mwana wa Mungu aliyechukua mwili wa kidunia, na kama Kiumbe ndani ya Mungu, Yeye ni Mtawala pamoja na Baba wa Ufalme wa Mungu, Kristo wa Mungu, ambaye, katika Yesu wa Nazareti alituletea wokovu na njia inayotuwezesha kurudi maskani kwa Baba yetu. Wakati alikuwepo duniani, alifundisha watu kwamba Baba wa milele na Yeye ni Mmoja, yana maana kwamba Roho moja na upendo mmoja, ukweli mmoja, ukweli wa milele, sheria ya milele isiyo na mwisho inayomuweka mtu huru. Roho wa Kristo wa Mungu yumo ndani ya Baba na Baba yumo ndani ya Kristo wa Mungu: Roho moja, Uzima mmoja, ukweli mmoja.

Roho wa Kristo wa Mungu, alijifunua kupitia Gabriele, nabii, chombo chake na tena mjumbe wa mbingu Kumepita zaidi ya miaka 45 sasa. Kama alivyofanya Kristo wa Mungu, wakati wetu huu, Yesu wa Nazareti Naye pia anafundisha kwamba Kristo wa Mungu, Roho huru, hafungamani na dini yoyote ya nje, kwani kila mtu ni hekalu la Mungu, hayo yana maana kwamba hakuna aliye na haja ya hekalu au kanisa lililojengwa na mikono ya mtu kwa ajili ya kumpata na kumuomba Mungu, akili ya ulimwenguni pote na ya milele.

Leo tena, katika wakati huu mpya, Kristo wa Mungu anaendelea kusema. Mungu, wa milele, habadiliki.

Yeye ni Yule Yule, jana, leo na hata kesho. Ni mamoja pia kwa Amri Kumi za Mungu Alizotutolea kupitia Musa. Kristo wa Mungu anayejifunua kwa wakati wetu huu, alisema kuhusu hayo ndani ya moyo wa Gabriele, nabii na mjumbe wake, ambaye, kwa wakati huu mpya, akitumia maneno yake, amefundisha mambo yenye umuhimu wa kipekee, kwa sababu miungu ya kila aina imejitokeza kwa wingi.

Tukisadiki Amri Kumi za Mungu na kumsadiki pia Yesu Kristo na mafundisho yake – kwa upekee Mafundisho yake Mlimani, iliyo mafundisho ya mbinguni – ikiwa tunajiita wakristo au wakristo wa awali, au tena tukijisifu kwamba tuko wafuasi wa Yesu wa Nazareti, kwa hiyo tunatoa ahadi muda ule ule ya kutimiza madai yetu.

Ila tungependa kuweka wazi jambo moja: kutimiza yale ambayo wa milele alitutolea ndani ya Amri Kumi na yale ambayo Yesu wa Nazareti alitufundisha katika Mafundisho Mlimani hayana uhusiano hata kidogo na kanuni, masharti na amri za mashirika ya kieklezia.

Amri ya kwanza ya Mungu

Mimi ni Bwana Mungu wako, usiwe na miungu mingine kando yangu.

Mungu wa Abrahamu, wa Isaka na wa Yakobo, Mungu aliyesimulia kupitia Musa na manabii wakubwa wote wa Mungu, ni Roho huru, sheria ya milele ya upendo wa Mungu na wa jirani.

Mungu, Roho huru, ni nguvu za uumbaji ndani ya vitu vyote. Hata tuende wapi, hata tutazame wapi, ndani ya vitu vyote mna Roho anayetenda kazi milele na milele. Ndani ya kila mwanadamu, ndani mwetu, ndani ya nafsi yetu mna Roho wa ukweli, Roho huru. Anatugusa ndani ya kila seli ya mwili wetu na katika kupumua kwetu. Yote yanayo tuzunguuka, yote yanayoonekana na macho yetu au la, yana Roho ndani mwake, Mungu, aliye Uzima.

Mwanadamu ana Mungu ndani ya nafsi yake, mwanadamu ni wa kimungu, ila yeye si Mungu. Kiumbe cha kimungu huishi milele kwa sababu Mungu Babaye wa mbinguni alikitazama na kukiumba. Kiumbe safi cha kiungu kinaitwa pia kiumbe cha kiroho.

Neno la Mungu, Amri iliyotolewa kupitia Musa, hutufundisha: «*Usiwe na miungu mingine kando yangu.*» Hayo yana maana gani hakika? Miungu na sanamu hizo za kuabudiwa ni nini na ni miungu na sanamu za kuabudiwa ngapi ambayo wanadamu waliumba wakati wa sasa, na ambayo wanatii na kuabudu? Je! ni fedha, kukimbilia teknolojia ya kisasa, kuwa watumwa wa burudani, wa michezo, uchu wa madaraka, tamaa zinazokithiri, kutamani vya wengine na shauku, na vitu vingine vingi tena. Kila tegemeo huhusiana na sanamu yake ya kuabudiwa, inayoabudiwa kwa pamoja na watu wengi katika dunia nzima. Wanadamu huabudia na kutoa sifa kubwa mno kwa wanadamu wengine ambao wanadhani, au wanaowaaminisha, kwa lengo la kuwashikilia, kwamba eti wametumwa na Mungu kuwaongoza au kuwatolea mafundisho. Watu wengi hutoa sadaka kwa miungu, kwa sanamu, hata vilevile kwa wanaojiita waheshimiwa ambao hutukuzwa sana na umma.

Ufalme wa Mungu unaundwa na sifa saba, kama vile pia sheria ya milele na ya ulimwenguni pote, Mungu.

Kupitia Musa, Mungu alitolea dunia yetu itumiayo vipimo vitatu, Amri Kumi za Mungu, sehemu za sheria ya milele iliyo na sifa saba. Kushika Amri za Mungu kunaweza kutusaidia kuelewa uzima wa ulimwenguni pote utokao kwa Mungu. Ni kwa kushika tu Amri hizo hatua kwa hatua ndipo mtu hufikia maadili ya kiwango cha juu. Ni kwa njia hiyo tu ndiyo dhamiri yake husafika, ndiyo anaweza kupata ubainifu na mtazamo wa kina na mpana wa mambo.

Kuona kwamba Mbingu au Ufalme wa Mungu una vipimo saba, si sahihi tujifanyie picha yake, au picha ya mambo yake wala tena kuifananisha na picha ya kile kilicho juu au ndani ya dunia, na angani. Tuyape umuhimu maneno ya Yesu wa Nazareti aliyefundisha kwamba Roho wa Mungu Yumo ndani mwetu, na kwamba sisi ni hekalu la Roho mtakatifu. Picha, sanamu ambazo tunaabudia, kwa mfano sanamu au picha za watakatifu, hujichapa kama picha ya vipimo vitatu ndani ya nafsi yetu. Wakati ambapo mwili ulio ganda la nafsi, huaga dunia, nafsi huenda kwenye makao ya nafsi. Picha hizo za vipimo vitatu, zisizoambatana na Uzima, ambao una vipimo saba, hubaki zikiangikwa kwenye nafsi hiyo. Muda fulani, nafsi itapashwa kutambua kwamba picha hizo ambazo nafsi iliabudu wakati ilikuwa duniani hazina uhusiano na uzima wa milele ambao una vipimo saba.

Kama wanadamu, hatuna uwezo wa kujifanyia akilini picha halisi ya Ufalme wa Mungu au dunia takatifu za kiroho. Hivyo hivyo si vema kujifanyia picha za viumbe vya kiroho viitwavyo malaika, na hata pia Mungu Baba yetu wa milele, anayeitwa pia Mungu Baba-Mama na ambaye tunamuomba ndani ya sala ya «Baba yetu», hata pia tena Kristo, Mtawala pamoja na Mungu katika Ufalme wa Mungu. Picha na sanamu huhusiana tu na dhana zetu za kiutu. Kwa sababu hizo zote tungepashwa kususia kuabudu sanamu.

Hatungepashwa tena kuabudu mwili wa Yesu uliotundikwa msalabani. Alifufuka tayari katika roho na kama Mwana wa Mungu, Mtawala mwingine wa Ufalme wa Mungu, anaketi kuumeni kwa Baba wa milele. Mwana wa Mungu na Mtawala pamoja na Baba, Yesu, ni Mkombozi wa nafsi zote na watu wote. Yeye ndiye njia, ukweli na uzima, na ni Yeye Kristo anayetuongoza kwa Baba wa milele, katika Ufalme wa milele, ambao una vipimo saba. Msalaba pasipo mwili, kama vile alama ya wokovu unaonyesha njia ielekeayo kwenye Ufalme wa Mungu, Ufalme wa amani, wa umoja na wa uhuru.

Kama vile tumesikia, Roho huru milele ni Uzima ulio popote, ndani ya kila kitu, ndani ya kila mnyama, ndani ya kila mmea, ndani ya mazingira, ndani ya kila madini na kila jiwe. Uzima unapatikana ndani ya kila tone la maji.

Na huo ndio umoja na umoja katika Mungu ni uzima usioweza kufa. Nasi vilevile, wanadamu, ni ganda tu ambamo mna uzima wa milele. Ndani ya nafsi zetu, sisi ni watu wa ufalme wa Mungu. Kama vile mwili wetu ulivyo ganda la Uzima halisi, vile vile pia kila kiumbe cha mazingira duniani, wanyama, mimea, miti, misitu, mawe, navyo tu ni ganda la Uzima. Uzima, nguvu inayoumba inatenda kazi ndani ya kila kitu na ndani ya kila mmoja; ni Roho huru, sheria ya milele, ya upendo wa Mungu na wa jirani. Uzima wa milele na wa ulimwenguni pote unatenda kazi ndani ya vyote vinavyooneka na visivyo onekana. Maada, inayotegemea vipimo vitatu, ni ganda lililo tu picha duni ya uumbaji wa Mungu, na ambamo Uzima ulio na sifa saba unatendea kazi._Tusimulie sasa kuhusu Amri ya pili, tukimgeukia Roho huru na wa ulimwenguni pote ambaye ni nguvu ya uumbaji.

Amri ya pili ya Mungu

Usitaje bure jina la Mungu.

Ni vipi tunavyotaja bure Jina la Mungu? Kwa mfano, tunapolitumia jina la Mungu kwa kulaani, kuapa, au tena kwa kusema maneno yasiyofaa, au kwa kusema bure bure: «Mungu wangu, Mungu wangu» bila ya kufikiria kwamba tunataja jina la Mungu pasipo kufikiria juu Yake. Tunatamka neno «Mungu» mara na mara, bila kutambua kwamba tunaongea kuhusu Akili Kamilifu.

Tunatamka kila mara, maneno: «Mungu wangu!» au «Asante Mungu!»? Ila tunafikiria nini hakika wakati tunapotamka maneno hayo? Mara nyingi ni maneno yasiyo na maana, semi za kawaida. Ijapokuwa, kama jinsi tunavyoelewa kwa sasa, yote ni nguvu. Ina maana kwamba ni sisi wahusika wa kila neno linalotoka kinywani mwetu wala si Mungu. Kila mtu alitajaye jina la Mungu bila kufikiria, anataja bure jina la Mungu na hupoteza bure nguvu, na hayo humdhuru yeye mwenyewe. Kanuni husema kwamba kila tendo husababisha matokeo fulani, kila mmoja wetu ni mhusika peke yake wa mawazo, maneno na matendo yake bali si Mungu Muweza.

Kristo alituagiza kujiswali kila mara: Ninawaza nini? Ninasema nini? Je! Mwenendo wangu unaambatana na masemi yangu, kwa mfano: «Mungu wangu!, Mungu wangu!» au «Asante Mungu!» Yote ni nguvu. Kwa hiyo kuna swali ambalo wanatuswali: Je! ni Mungu ndiye anayetuadhibu wakati tunatenda kinyume cha nguvu yetu wenyewe, ambayo inahusu vilevile maisha yetu duniani? Hapana, tunajiadhibu sisi wenyewe tunapopunguza nguvu yetu ya uzima, uwezo wetu wakutenda.

Maneno haya hutumiwa pia zaidi: «Mungu asifiwe, nimefanikiwa kufanya hiki au kile!», au tena «Mungu asifiwe, hakuna jambo baya lililonipata!» Je! kwa kweli tuna shukurani kwa Mungu? Au si maneno matupu na yasiyo na maana ambayo tunatamka bure, au si semi tu za kawaida? Kwa bahati mbaya, si kawaida kwetu tuyape maana mambo kama na hayo na kuchukua fursa ya kuyafikiria sisi wenyewe, kufikiri juu ya mwenendo wetu, juu ya maisha yetu na pia juu ya yale ambayo tunapanda katika uwanja wa nafsi zetu kupitia fikira na maneno yetu ambayo dhamiri yetu inatambua au la.

Tungepashwa kuwa na dhamiri ya kwamba yale tunayopanda siku moja yatakua na kuzaa matunda. Itakuwa je basi? Yule anayeamini kwamba kila tendo husababisha tukio lake, mbegu mavuno yake, na sababu matokeo yake ataelewa kwamba wa Milele anyeitwa Mungu katika nchi za magharibi haadhibu. Kwa hiyo hatushurutishi kwa chochote kile. Amri zake si shuruti ila ni pendekezo ambayo inaweza kuongoza mwenendo wetu. Mwanadamu ana uhuru wa kuwaza, kusema na wa kutenda jinsi apendavyo. Na ni ndiyo sababu tupo wahusika wa matendo yetu na vyote ambavyo tunahisi, tunawaza, tunanena na kutenda siku baada ya siku.

Ni vema kutofautisha maneno «unapashwa» na «tunapashwa».

«Unapashwa» inahusu mtu peke yake, na hutumiwa kwa mtu binafsi, na inaenda kinyume cha uhuru tuliopewa na Mungu.

Lakini, neno «Tunapashwa» ni kwa wote kwa jumla na haihusu mtu binafsi, isifipokuwa tu katika shuruti. Kwa hiyo amri hiyo hugeuka kuwa ya mtu peke yake na kwenda kinyume cha uhuru. Hayo hutokana na Mwenendo wa kutomuacha huru jirani ambao kwa kifupi umo katika kauli: Tenganisha, Funga na Tawala!

Kupitia Musa, Mungu, wa milele, anapendekeza Amri kutoka sheria yake ya mbingu. Amri Kumi za Mungu sambamba na mafundisho ya Yesu wa Nazareti, kabla ya yote Mafundisho yake Mlimani, vyote pamoja ni njia inayoongoza kwenye Ufalme wa Mungu.

Kristo ndiye Mtawala pamoja na Baba wa ufalme wa Mungu. Vyama vimoja vya kisiasa, hutumia vibaya vilevile navyo jina la Kristo. Jina la Mungu Mtukufu na la Mwanae hayana uhusiano na siasa. Tunaweza kujiswali, kama halitumiwi tu kwa lengo la kudanganya watu? Yeyote anayetaka kuchunguza mwenendo wake na kuchunguza ukweli wa hotuba za watu wengi, hata katika vyama vya kisiasa vinavyojigamba kuwa vya kikristo, anaweza kubaini madai hayo kwa kufuata shauri ambalo Yesu alitutolea katika Mafundisho yake Mlimani, ambayo inasema: «*Mtawatambua kwa matunda au matendo yao.*»

Yule anayeheshimu Amri Kumi za Mungu na mafundisho ya Yesu wa Nazareti atatambua na kuelewa ni kwa kiwango gani Jina la Aliye juu na la Yesu Kristo linatumiwa vibaya katika vyama vya kisiasa vinavyojiita vya kikristo, na hata katika madhehebu na makanisa inayojiita ya kikristo. Kila mmoja atajitetea mwenyewe mbele ya sheria ya milele, mbele ya Mungu, kuhusu kile anachojidai kuwa au kuhusu upande gani anaoutegemea. Ni mamoja pia kwa mwanamemba wote anayetambua kwamba kosa limetendeka katika shirika lao na kunyamaa kuhusu jambo hilo.

Makanisa ya kishirika, huzungumzia kuhusu Mungu anayeadhibu. Kufuatana na kanuni ya uhuru, tunajiadhibu wenyewe wakati tunafahamu Amri za Mungu na kuzitupilia mbali. Sheria ya milele ni upendo wa Mungu na wa jirani. Ndani ya sheria hiyo mna kipengele cha uhuru pia. Yule anayetii kanuni ya makanisa inayojiita ya kikristo inayosema: «Unapashwa», pia yule anayeamini hukumu wa milele, adhabu ya milele, hajafikiria bado kwa kweli, jinsi Amri za Mungu na mafundisho ya Yesu wa Nazareti vilivyotumiwa vibaya.

Wa milele, Roho huru, anatuhimiza siku zote kujifunza kuelewa maana ya maneno, hayo yanahusu vilevile Amri za Mungu. Maneno ya binadamu ni ganda tu, hivyo hivyo mwanadamu ni ganda inayoficha uzima wa kweli, mwanadamu ni ganda la nafsi tu. Basi maneno ni maganda, na cha muhimu ni kile kilicho ndani mwao.

Ni Wakati ambapo tunakuwa tayari kupata ukweli ndani ya Amri za Mungu na ndani ya maneno ya Kristo wa Mungu na kuyatimiza maishani mwetu siku zote, ndipo tutapata maarifa ya roho huru, asiyeshurutisha kwa chochote na asiyeadhibu.

Mara nyingi tumesikia wakisimulia kuhusu kanuni ya kupanda na kuvuna, kuhusu kanuni ya sababu na matokeo yake, kwamba kila tendo huwa na matokeo yake.

Methali moja ya kale ya Kijerumani inayotumiwa pia sana bila ya maana yake kueleweka vizuri, husema hivi: «*Yeyote asiyetaka kusikia hupatwa na matatizo.*» Ni kusema yule asiyetaka kusikia maonyo anayopewa na Mungu, hufuata njia zake mwenyewe. Hawezi kuchukua mtu fulani wala tena Roho huru aitwaye Mungu katika nchi za magharibi kama wahusika wa mawe anayoipanda mwenyewe njiani mwake yaani hali mbovu zilizo ndani ya hisi, mawazo na maneno yake. Mtu anapoteleza muda Fulani kwenye vikwazo alivyoviweka mwenyewe njiani mwake, mara nyingi hutaja Mungu kuwa mhusika. Kwa hiyo methali hiyo «*Asiyetaka kusikia hupatwa na matatizo*», vilevile pia kanuni inayosema «*Mtu huvuna kile alichokipanda*», haipewi umuhimu.

Anayefikia kupatwa na yale aliyoyarikodi mwenyewe ndani mwake, matokeo mabaya ya matendo yake, alipashwa kufahamu kwamba hayo ni matokeo ya kutenda kinyume cha Amri za Mungu, na Mafundisho ya Yesu wa Nazareti, na kinyume cha misaada kadhaa iliyotolewa na Roho huru, yaani Mungu. Mashaka na shida, mateso na vinginevyo tena haviambatani na mapenzi ya Mungu, ila ni madhara ya hali ya kufikiri na ya mwenendo wa kipumbavu wa mwanaadamu. Wakati mtu huyo anaposikia kamba zinazomfunga, mara nyingi hajutii ila anamshtaki Mungu: «Kwa nini Mungu anaruhusu haya?» Hangefanya vema kujiswali mwenyewe: «Kwa nini nilisababisha hayo yanipate?»

Tulipashwa kabisa kuwa na dhamiri kwamba sisi ni wahusika wa hisia, fikra, maneno na matendo yetu. Wamoja wanaweza kupinga: «Lakini hayo hayana uhusiano na uhuru. Mungu alipashwa kutusaidia na kuturuzuku, Mungu alipashwa kutulinda!» Wa milele yupo upande wetu na anatuunga mkono. Anatusaidia na kutulinda. Ila ikiwa hatuhitaji jambo hilo, tukikataa mkono wake anaotunyooshea kwa kutokutii Amri zake na mafundisho ya Yesu wa Nazareti, matokeo yake yatafananishwa na hayo yanayofasiriwa ndani ya mfano tunaowatolea sasa: Baba mmoja alimuambia msichana au mvulana wake: «Fanya angalisho, usifanye jambo hilo, kwa maana, lina madhara yake». Msichana au mvulana akawaza pengine: «Nyakati zimebadilika, anayoyasema baba si muhimu, nitatenda yale nipendayo». Na ijapokuwa tahadhari ya baba iliyotajwa hapo juu, pengine watoto watafikiri mara tena: «Baba anasimulia kuhusu nini? Ni madhara gani baba anayasimulia?» Na pengine vilevile watakwazika, vilevile na kukasirika na kujibu: «Tupo tayari kukubali madhara hayo!»

Namna gani baba atakavyojibu? «Siwezi kuwashikilia kwangu na kuwalazimisha kukubali mashauri yangu. Mpo huru kutenda jinsi mnavyohamuru, walakini kila mmoja anapashwa kukubali matokeo ya matendo yake.»

Ni mamoja pia kwa Mungu, Baba yetu wa mbinguni. Ikiwa watu, pamoja na kufahamu Amri za Mungu zilizotolewa kupitia Musa na Mafundisho ya Yesu wa Nazareti, hawavikubali na kuwaza: «Mashauri hayo hayana nafasi na hatuyajali, nyakati zimebadilika, tunafanya kile tutakacho», Mungu hatawalazimisha kwa chochote na hatawaadhibu, kwani kila mmoja yupo huru. Mungu, wa milele, amepana uhuru kama urithi kwa viumbe vyote na kwa watu wote. Roho wa milele, Mungu, na Mwanae Yesu Kristo wanapatanisha, wanasamehe na wapo hapo kwa kutuunga mkono mara tu tukitaka na tukimpigia hatua moja Roho huru aliye popote, na tukiheshimu kile alichotuamuru, ni kusema sehemu ya sheria ya milele ya upendo wa Mungu na wa jirani yaani Amri Kumi na

Mafundisho ya Yesu wa Nazareti, kwa upekee, Mafundisho yake Mlimani.

Tujiswali swali hili: Mungu, wa milele, angetulinda dhidi ya jambo lipi? Je! Atulinde na madhara tuliyosababisha wenyewe kutokana na mwenendo wetu mbovu wa kiburi? Tujiswali tena: Mungu angetenda hivyo, tungeweza kugeuka watu sahihi siku inayofuata, tutageuka watu waangalifu wanaorekebisha fikra na mwenendo wao, watu wasiorudilia tena siku zijazo maovu iliyowasababishia mafarakano? Au basi tutaendelea kuchohea maovu hayo?

Amri ya tatu ya Mungu

Heshimu siku ya Sabato.

Leo, hatuwezi kusema tena kwamba sabato ni siku ya mapumziko kwa watu wote. Kwa sasa, wafanya kazi, wanapashwa kukubali mashuruti ya viwanda ambamo wanafanyia kazi. Isitoshe, sabato ya jumla kwa wote haiwezekani kwa mfano kwa wale wote wanaofanya kazi kwa zamu isiyokoma au wanaotumika katika sekta ya malisho.

Sheria ya milele, sheria ya upendo wa Mungu na wa jirani inayotetea pia uhuru haibagui mtu. Haijalishi siku fulani ambayo tuna mapumziko jumani, ingelikuwa vema tutumie dakika chache kwa kufikiria juu ya siku zilizopita, kubaini mambo iliyokuwa mazuri na iliyokuwa mabaya hata pia yale yasiyoridhisha jumani. Vyote, hata pia masimulizi yetu vina taarifa ambayo tunaweza kupokea, zaidi wakati hisia zetu .kwa namna nzuri au mbaya, ziliguswa. Muda ambapo tunajihisi vibaya ndani mwetu,msaada ambao tungetumia ni kujiswali wenyewe «kwa nini hivyo».

Swali hilo «kwa nini» laweza kutusaidia kuchanganua jambo ambalo pengine tulisahau au ambalo tulitupilia kwenye sehemu ya chini sana ya ufahamu. Tunaweza pia kuomba moyoni na kukumbuka kwamba nguvu safi yenye uwezo iitwayo Mungu sehemu za Magharibi, inatenda kazi ndani mwetu na inatamani kutuunga mkono.

Ikiwa fikra zinakusukuma kwenda kuomba kanisani, soma yale ambayo Yesu wa Nazareti alitufundisha. Upande mmoja, alifundisha kwamba kila mtu yeye mwenyewe ni hekalu la Mungu kwa kuwa Mungu hukaa ndani ya nafsi ya mtu. Upande mwingine, alifundisha yafuatayo kuhusu kuomba: *«Lakini wewe, wakati unapoomba, ingia katika chumba chako cha ndani, funga mlango na omba Babako aliye katika siri, na Babako aonaye kwa siri atakujibu.»*

Kila mmoja miongoni mwetu ni huru kuomba, kuwaza na kutenda kama apendavyo, wewe kama vile sisi. Ila tusisahau kwamba sisi wenyewe ndio wahusika wa vyote tunavyovitenda na tunavyosahau kuvitenda, sisi ni wahusika wa mwenendo wetu wote.

Amri ya nne ya Mungu

Tukuza (Heshimu) baba yako na mama yako.

Wakati wa sasa, watu hujipa kila mara utukufu wao wenyewe. Watu pia hutukuza watu wengine. Hayo ndiyo hutendewa watu wanaofanya uvumbuzi wa hali ya juu au tena wale ambao, kupitia watu walio na vyeo vya juu serkalini, hupanda daraja ya jamii. Leo wanamichezo mashuhuri katika mashindano, wahigizaji na wasanii na hata watu ambao huonyesha anasa na utajiri wao kwa wote, wao pia husifiwa na kutukuzwa. Inasemeka kwamba watoto wanapashwa kutukuza wazazi. Je! Inatupasa basi kutukuza wanadamu?

Machoni mwa Mungu, sote tupo sawa.Tupo kaka na dada, watoto wa Baba Mmoja aliye Mbinguni, kama jinsi alivyotufundisha Yesu wa Nazareti. Yesu aliwaambia wale waliokua wakifundisha watu kwa Jina la Mungu wa milele:

«Lakini ninyi, msikubali kuitwa Rabi, kwa kuwa mmoja ndiye Bwana wenu, ninyi wote ni ndugu. Na msiite mtu yeyote Baba duniani, kwani mmoja ndiye Baba yenu, Baba wa mbinguni... Mkubwa kati yenu atakuwa mhudumu. Anayejikweza atashushwa na anayejishusha atainuliwa.»

Hata kama mtu ana cheo cha sifa alichotolewa, au sifa anazojipa, mtu asiye na cheo au daraja fulani, machoni mwa Mungu, ni sawa na yule aliyetolewa cheo cha sifa. Hayo ni mamoja pia kwa wazazi wetu. Neno la Mungu ni sheria ya milele, uzima wa kweli. Neno la Mungu linasema tena: *«Mchukuliane mizigo»*, ina maana msaidiane ninyi kwa ninyi.

Ndani ya sheria ya ulimwengu pote na ya milele ya usawa, ya uhuru na ya umoja, hairuhusiwi kwa mtu kujipa mwenyewe sifa na hata pia kuacha wengine wamtukuze. Upendo wa Mungu na wa jirani una ndani mwake pia heshima kwa jirani. Hayo yanamaanisha kwamba ni vema kuheshimiana sisi kwa sisi, na kumtukuza Mungu, Roho akaaye pote ambaye ni Uzima ndani ya kila mtu na vitu vyote, ni vema kuheshimu viumbe vyake ambavyo ni watu, wanyama, mazingira na Ardhi-Mama. Ni yule tu anayeheshimu Uzima ndiye anamtukuza Mungu. Anayeharibu Uzima anadharau Mungu.

Amri ya tano ya Mungu

Usiuwe.

Amri ya Tano inahusu mauaji ya aina tofauti. Ila Ngazi za juu za mashirika ya kieklezia, zikabadili neno «kuua» na «kuua mtu kwa kukusudia». Kufuatana na maana ya sasa ya Amri hiyo, inaruhusiwa kwa mfano kuua vitani; ila kuua kwa hiari ni dhambi. Tujadilie ubaya wa «Vita» kwa mujibu wa mafundisho ya Yesu wa Nazareti inayosema: «*Wote waushikao upanga wataangamia kwa upanga.*»

Yesu wa Nazareti alikua sana mtu wa kupenda amani. Mafundisho yake pia ni ya upatanishi. Yesu alikuwa mtu wa amani na ni Mfalme wa Mbinguni wa amani. Yule aliye badili neno «kuua» likawa «kua mtu kwa kukusudia» na kupunguza maana yake anapenda vita na hakubaliani na Mafundisho ya Yesu wa Nazareti.

Machoni mwa Mungu, Baba wa mbinguni ambaye Yesu alitufundisha kumjua, tupo wote ndugu na dada waliopokea uzima, Uzima wa milele toka mikononi mwa Mungu, Baba yao wa milele. Tunapumua kwa kuwa Uzima, ulio nguvu iliyo na uwezo wote ndani mwetu hutiririka ndani ya pumzi yetu. Ni nani aliye na ruhusa na anayejipatia haki ya kusitisha uzima wa dada au nduguye?

Yesu wa Nazareti alitufundisha kwamba haturuhusiwi kuua mtu. Hayo ni mamoja pia kwa tendo la kuua mnyama kwa hiari na hata kukata mti mbichi. Sisi wanadamu tumeagizwa kutunza ulimwengu na aina zote za viumbe vilivyomo, kuvipenda na kuviheshimu, kwa kuwa ndani ya kitu chochote mna Uzima. Ni Roho huru akaaye pote, ndiye mwenyewe aliye Uzima ndani ya kila mtu na ndani ya kila kitu.

Watu wa sasa kwa kipekee wanajitenga mbali na ukweli wa milele ambao katika nchi za magharibi huitwa Mungu. Kwa bahati mbaya wachache sana hufikiria kwamba Yeye ni Roho

Muweza yote Asiye na mwisho, Muumba ambaye nguvu yake ya Uzima hupatikana ndani ya vitu vyote. Malimwengu mbalimbali, sayari, jua tukufu, hata pia mnyama mdogo aishiye duniani, vyote vina Uzima wa Roho wa milele, wa Muumba wa kila kiumbe ndani mwao. Ni nani basi aliye na ruhusa ya kuharibu Uzima ulio wa milele? Uzima ulipewa na nani? Uzima ni wa nani? Mwanadamu, mnyama, viumbe vingine vyote, wote, wana haki ya kuishi hadi mwisho wa maisha yao duniani. Kila mwanadamu, viumbe vyote kwa jumla, vina haki ya kuishi kama maada ghafi hadi muda wa kurudilia kwao Uzima wa milele, kama viumbe vya kiroho.

Mara nyingi, mtu wa siku hizi hazingatii kanuni ya panda na vuna, inayosema anachopanda mtu ndicho atakachokivuna. Tukitazama kwa makini dunia yetu inayotawaliwa na majivuno na unyonyaji wa faida za watu na uaribifu wa mazingira kwa ajili ya kujitafutia faida, tutatambua kwamba mbegu mbaya (uovu) haziendelei kufikia upevu lakini zimekwisha komaa, ni kusema madhara yake ni tayari kujitokeza. Lakini ni nani anayeyajali? Wamoja huyajali, wengine si sana na hufikiri: «Mimi mwenyewe ni mwenzangu. Hayo hayanihusu.» Ijapokuwa hayo, sote tunahusika, sisi kama vile wewe, kwani tuna uzima na uhuru wetu, ambavyo vilisababisha kanuni ya maanguko au upotevu, kanuni ya sababu inayosema: Anachokipanda mtu, ndicho atakachokivuna.

Hakuna aliye na haki ya kuua kwa hiari, hata iwe vitani au mawindoni, au pia kwa sababu anatumia vibaya ardhi au msitu: hakuna aliye na haki ya kuua kwa utashi wake. Anayeua kwa hiari yake yaani kwa makusudi, hupinga kanuni ya Uzima na hata pia Mungu Muumba. Matokeo kwa kila mtu ni: upandacho ndicho utakachokivuna siku moja, kwa sababu nafsi ya kila mwanadamu huishi milele. Siku moja, baada ya kifo, nafsi itakapokuwa katika makazi ya wafu au ahera, yatastahimili madhara ya matendo, ambayo kama mwanadamu, aliyofanya wakati wa umwilisho wake.

Amri ya sita ya Mungu

Usizini.

Uzinifu ni aina ya usaliti, ni utovu wa uaminifu. Msingi wa ndoa ni uaminifu wa waliooana. Mke au mume akivunja huo uaminifu kwa kupendelea uhusiano wa kimwili na mtu mwingine, anavunja uaminifu huo wa mtu na mwingine.

Siku hizi, uaminifu ndani ya ndoa ni wa muda kitambo kwani wakati huu vyote hubadilika haraka sana. Watu wanapendelea kujinufaisha na maisha. Leo wanaahidiana uamhinifu, na kesho yote huwa tofauti.

Ni mamoja pia popote katika nyanja za ajira. Watu husaini mapatano ya kazi ambamo mna kipengele cha uaminifu. Lakini mara tu itakapohusu faida ya mtu binafsi, na wakati njama na hila vikitumiwa, mkataba huo wa kazi hugeuzwa kuwa hati isiyo na thamani.

Katika nyanja zote,wakati wetu huu wa sasa, watu huongozwa na kanuni ya kupoteza kitu fulani ili kupata faida. Ni kawaida mtu kuachilia familia yake kwa ajili ya uhusiano wa mpito. Hajali mke na wanae wakiwa hatarini au la. Mara nyingi, Wao ndicho kitu cha kupoteza kinachohitajika na wakati huu wa mambo isiyodumu. Uzinifu, kukosa uaminifu, au usaliti, yote hayo huwa ni kawaida. Mtu hajali mwenziwe, haheshimu tena saini yake iliyo chini ya mkataba wa kazi. Jambo la kupoteza ili kufaidika lina sura nyingi. Maisha katika dunia ya leo yaweza kufananishwa na mchezo wa mche uliochapwa namba moja kila upande, toka moja hadi sita. Siku moja ni namba 1 ndio tunategemea, siku ifuatayo chaguo la moyo wetu au tegemeo letu laweza kuwa namba 3, 5 au 6.

Watu wamoja husema kwamba: «Amri za Mungu zimepitwa na wakati, na kwamba zilitolewa kumepita maelfu ya miaka sasa, na hatimaye amri hizo ni kwa watu wa kale sana!» Hakika, waumini wengi wa wakati huu wa msukosuko wanakubali leo kwamba ni lazima mtu ajifurahishe maishani kwa hali na kiwango chote kile hata kama hayo inawaathiri na kuwatesa wale waliotelekezwa ambao watakaopatwa na madhara ya anasa hiyo.

Ila, hata kama leo tunachukua mienendo potovu nyingi kama ya kawaida bila kuyaonea aibu, Mungu, wa milele,Yeye ni Yuleyule jana, leo na kesho. Sheria yake ya ulimwenguni pote na ya milele ni kamili, ipo na haibadiliki milele na milele. Na wakati Amri ya sita husema «*Usizini*» yana maana pia «Utatimiza ahadi yako» kuhusu uaminifu wa kweli, imani ya kweli, iwe ndani ya ndoa au kati ya waliooana kwa jumla na hata pia kazini. Kama vile mtu wa kale, anayeitwa mtu wa shimoni, mtu wa sasa, katika enzi ya teknologia, anayoiita wakati wa kuangaziwa, ana wajibu wa kulinganisha Amri Kumi za Mungu na mawazo, maneno, hata pia mwenendo wake wote.

Ndoa, mke na mume na aina yote ya ahadi iliyo kama mkataba, ingepashwa kujengwa juu ya ukweli, uwazi, uaminifu, unyofu, na imani.

Yule anayezingatia kikamilifu Amri za Mungu na Mafundisho ya Yesu wa Nazareti, Kristo wa Mungu, ambayo ilitolewa miaka 2000 iliyopita na kuyashika hatua kwa hatua, huongeza upeo wa macho yake ya kiroho na huona vitu kwa undani sana. Kwa mfano anaweza kutambua yule anayemshugulikia na yule ambaye anaweza kumtumainia. Amri ya sita inatuambia «*Usizini.*»

Matengano ni matengano. Kitu kilichokarabatiwa si kizima tena. Ndio maana ni vizuri kujichunguza mwenyewe kabla ya kutenda tendo mbaya, yaani yanayoweza kuleta matengano au kuharibu kitu fulani. Au tena, ni vema mbele ya yote kufikiri kabla ya kuvunja kitu chochote kwa sababu kuunga vipande kunachukua muda, na vipande vyote, hata viungwe, haviundi tena vizuri kitu cha awali. Matengano mengi husababishwa na kanuni ya panda na vuna inayosema: «*Unachopanda ndicho utakachovuna.*»

Amri ya saba ya Mungu

Usiibe.

Tunaweza kubali kwamba tendo «Kuiba» hutaja mitindo nyingi za wizi; wa kwanza ukiwa ni wizi wa vitu. Lakini, kuna mitindo mingine. Kwa haraka tunasema bila ya kufikiria: «Mimi si mwizi!» Lakini tunaweza kuhakikisha hayo kwa urahisi ijapokuwa tunafahamu kwamba yote ni nguvu na kwamba muda, pia nao ni chanzo cha nguvu?

Ni mtu yupi mwizi? Tunaweza kumwita mwizi mtu anayechukua pesa au mali isiyokuwa yake. Lakini mwizi vilevile ni yeyote anayechukua muda wa mwenziwe, kwa kutumia maneno ya sifa na mabishano marefu yasiyo na maana, inayojaa «ndio-lakini» yasiyo na faida au wakati mtu anatumia muda mwingi kwenye mazungumzo ya juujuu. Lakini, mwizi ni mtu yeyote pia anayeomba afanyiwe kitu fulani na mwengine ijapokuwa anaweza kifanya mwenyewe. Au tena yule anayebishana na mwenziwe kwani wote wawili wanajidai kuwa sahihi, na kati yao hakuna anayekubali hata kidogo maneno ya mwengine.

Kupoteza muda yaani pia kupoteza nguvu, kunaonekana katika hali na mitindo mbalimbali ambayo hatutaweza kutaja yote hapa. Mambo hayo yote na mengine pia ni namna ya kuiba nguvu za mwenziwe kwa kiwango cha juu sana. Kila mmoja wetu kwa kweli anao uwezo wa kutaja mifano kadhaa za aina hizo za wizi.

Lengo letu si kutaja aina tofauti za wizi. Cha muhimu ni kujiswali mwenyewe ni muda upi tunatenda kinyume cha Amri ya Mungu «*Usiibe*»?

Usishuhudie mwenzio uongo.

Kushuhudia uongo kunamaanisha kusema uongo dhidi ya mtu fulani. Mbele ya mahakama, hayo yana maana kudanganya kuhusu wewe mwenyewe, au kuhusu mtu mwengine. Kumtukuza mtu, kumsifu mno, kumuhimiza katika mwenendo mbaya, na tena kutumia maneno iliyo tofauti na mawazo yetu ni ushuhuda wa uongo ulio kinyume na Amri ya nane.

Kuhakikisha kwamba maoni yetu tu ndio ukweli, nayo yanaweza kuchukuliwa kama aina ya uongo. Kuwa na maoni kuhusu jambo fulani, kutokatana na maana ya neno maoni, yanaonyesha kwamba hatuna uhakika kuhusu jambo, maoni yetu, tunayochukua kama vile ukweli, ni mara nyingi namna yetu binafsi ya kufikiri iliyo sahihi kwetu. Tunasema kwamba ni maoni yetu ila, kufuatana na maana, maoni ni dalili ya ukosefu wa ufahamu kamili, kwa hiyo maoni yanaweza kuwa si sahihi na kuwa kama ushuhuda wa uongo.

Kushuhudia uongo kunaweza kuwa pia tendo la kutangaza fununu za uongo kwa lengo fulani. Fununu zawezesha watu kushtaki wengine. Hayo vilevile yanaenda kinyume na Amri ya nane.

Hatungepashwa basi kufanya ushuhuda wa uongo dhidi ya jirani yetu ila kujiuliza sisi wenyewe mara na mara kwamba fikra na maneno ni yetu hakika, kwa kuwa yote tunayotoa ni nguvu na yataturudilia siku moja au nyingine, hata kama tulisema ukweli au uongo. Yule anayetegemea maadili angelipashwa mwenyewe kujiswali: «je! yale ninayokusudia kusema yanategemea ukweli hakika, au huo si ushuhuda wa uongo ninaoutamka dhidi ya jirani yangu?»

Tukijitahidi kutafakari Amri ya nane, kufikiria ushuhuda wa uongo na pia kufikiria jambo kwamba yote ni nguvu, hata pia fikra zetu, tungelipashwa kutambua kwamba kila mmoja wetu ana wajibu juu ya nguvu anayoitoa, iwe katika fikra, maneno au matendo. Kwa ajili ya kuhakikisha kwamba tunasema ukweli, tungepashwa kabla ya yote kutathmini kile ambacho tunataka kukihakikisha.

Tungelipashwa kuzingatia zaidi kwamba nguvu yote ni nguvu na kwamba aina zote za nguvu tunazozitoa, iwe bora au mbovu, zitaturudilia siku moja au nyingine. Kushuhudia uongo ukifahamu ni kudanganya.

Amri ya tisa ya Mungu

Usitamani mke wa mwenzio.

Kitenzi «kutamani» kina maana moja na tamaa, nia ya kumiliki, hamu ya kuchukua kitu tunachokitamani kama vile kitu chetu. Neno «Kutamani» ndilo linalotuwezesha kuelewa maana ya utashi wa kumiliki, na wa kujiwekea watu na vitu visivyo vyetu. Mtu akikidhi tamaa yake ya kumiliki mke wa mwenziwe, kulingana na Amri ya tisa, mke hugeuka milki ya yule aliyempata kwa tamaa. Kwa maana pana kabisa, twaweza kusema hata kwamba mke yule amekuwa mtumwa wa yule aliyemtamani kwa hiari na kwa dhamiri.

Ni mamoja vilevile wakati msingi wa tamaa ni mume, hata pia mtoto ambaye anatamaniwa na kumdhulumiwa kingono. Mume anapotamani mke, au mke anapotamani mume, au tena msingi wa tamaa ukiwa ni mtoto, swali hili: «Ni kwa lengo lipi?» Laweza kutusaidia kuelewa. Tamaa mara nyingi hutegemea kujamiana kimwili na husababisha utegemezi mwingi, aina ya utumwa wa nyakati za sasa. «Mtumwa», yaani mke, mume, hata pia mtoto aliyetendewa dhuluma na aliyetumika vema, muda wote ambapo huwa hana tena faida, hutupiliwa. Mtu huyo mara na mara hukumbwa na uzuni, na ukosefu wa tumaini, na hisia ya kutumiwa kwa faida ya wengine, kudhulumiwa, na baadaye kutupiliwa. Mtoto aliyetiwa dosari, mara nyingi hubaki katika hali mbovu sana na huathirika kimwili pia kisaikolojia. Madhara ya mateso hayo ni mara na mara chuki, na nia ya kulipiza kisasi.

Kwa yule aliyemtenda hivyo mtoto na kumdhulumu, ingelikuwa heri asingelizaliwa. Maneno ya Yesu kuhusu jambo hilo ni wazi: *«... yeyote atakaye potosha mmojawapo wa wadogo hawa waniaminio, yamfaa afungiwe shingoni jiwe kubwa la kusagia na kutupwa katika kilindi cha bahari.»*

Neno «tamaa» lina sura tofauti kama vile, kupevusha mtumishi wa taaluma kubwa wa kiwanda fulani toka kazi yake kwa ajili ya kujipatia faida kupitia ufahamu wake au tena kupeleleza siri za kiwanda, yote hayo yakilenga pesa na sifa. Kwa maana pana, yanaweza chukuliwa kama vile biashara ya watumwa. Mfano huu ni mojawapo ya mingine. Tamaa ina sura nyingi.

Jambo moja ni kweli: anayepokea hongo na kunaswa ndani ya mtego wa tamaa ya mwenziwe hugeuka mtumwa wa nyakati za sasa aliyejitoa kwa mnunuzi wake. Anapoteza hivyo uhuru wake, hadi muda atakapojirekebisha na kufikiria ufumbuzi wa kuupata upya tena uhuru wake. Hatua ya kwanza ni:

Kubaki mwaminifu kwa wewe mwenyewe!

Hatua ya pili ni: Fanya angalisho na mitego uliyotegewa. Usikubali rushwa; fanya iwezekanavyo kusudi uwe na sifa za utendaji kupitia mafunzo mazuri ukichagua fani mahususi unayoifurahia, ambamo unaweza kupatia mshahara wako, kwani kila mfanya kazi stadi ana bei yake. Hatimaye: Usiujali ubembelezi unaotangulia shauku na tamaa. Na fikiria matokeo ya baadaye. Utakuwa nani basi? Pengine mtu asiyefahamu tena mwelekeo mzuri...

Amri ya kumi ya Mungu

Usitamani mali ya mwenzio.

Amri Kumi za Mungu zilizotolewa kupitia Musa zinatutolea ufahamu wa ndani wa yale yanayotendeka duniani, Dunia ambayo Mungu amewapa watu kusudi wanae binadamu wajipatie chakula humo.

Lakini mwanadamu ameitendea nini sayari Dunia? Dunia inakua kitu kimoja kilichogawika kwa sehemu, na ni yule aliyerithi au aliyepata utajiri na mali anayemiliki eneo kubwa ya ardhi anayoiita mali yake. Mwengine naye humiliki tu sehemu ndogo ya mkate mkubwa huo uliokatwa vipande vipande ambao ni dunia. Mwengine tena hana hata eneo fulani anayomiliki na anafanya kazi kwa ajili ya kupata mkate wake na kwa kulisha vibaya au vizuri jamaa yake, mke na watoto wake.

Uwanjani mwake, mmiliki mkuu wa ardhi, bepari mkuu, hutumikisha wengine, ambao anawaita wafanya kazi na watumishi wake. Mwenyewe huishi vizuri sana na, kupitia kazi ya mwenziwe, anajinufaisha na vitu vyote vinavyofaa kwa maisha yake ya ubinafsi. Halazimishwi, kama wafanyakazi wake, kupata mkate wake siku baada ya siku kwa jasho la paji la uso wake. Wengine hujihusiha na hayo kwa manufaa yake.

Watumishi na wafanyakazi wanapokea mshahara wao na mumiliki mkuu wa ardhi yeye hujitengea mtaji anaouzidisha kwa kuwekeza vema ili kukuza mara tena mali yake.

Kukosa usawa huko kunakojitokeza mara na mara huleta wivu, chuki, tamaa na kadhalika, si jambo la mshangao tukizingatia kusudio la jamii ya siku hizi inayotaka kwamba matajiri watajirike mno na maskini wawe maskini sana.

Hayo yanasisitiza ukweli wa Amri ya kumi ya Mungu. Tayari Yesu wa Nazareti alisema: *«Ni rahisi zaidi kwa ngamia kupita kwenye tundu la sindano kuliko tajiri kuingia katika ufalme wa Mungu»*. Sentensi hiyo inaweza kutumiwa kuhusu mgawanyiko wa dunia kwa sehemu tofauti. Matajiri wa sasa hujihusisha kwa kiwango kidogo mno na maneno ya Yesu tofauti na hapo kale, ambapo vigezo vya matendo ya kila mmoja vilikuwa maadili ya moyo na matendo yasiotegemea faida kwa mwenziwe. Siku za leo, kila mmoja hajali tena mwenziwe.

Ijapokuwa, yaliyokuwa na thamani jana hata leo yana thamani: hakuna mtu atakayebeba pesa na mali kwenye ulimwengu wa nafsi. Hakuna kilichobadilika, ilikuwa hivyo kwa matajiri wa kale na ni hivyo pia kwa matajiri wa leo. Hata mmoja miongoni mwao hapiti kwenye tundu la sindano kwa sababu, ufalme wa Mungu bado ni mbali sana na matajiri. Nafsi zao potovu zitakuwa mahali gani wakati utajiri hautakuwa na umuhimu tena? Kanuni ya panda na vuna itajihusisha na kuleta tena usawa. Ndio sababu kutamani mali ya mwenzio hakuna faida. Hata hivyo, Dunia ni Sayari ya Mungu na siyo kazi ya kujipendelea kwa mwanadamu.

Yule anayeelewa maana ya Amri Kumi za Mungu zilizotolewa kupitia Musa, hutambua ya kwamba, mtu asipotekeleza Neno la Mungu, mtu huyo anakosea, haelewi yeye ni nani, wala hajui kwa nini amezaliwa mara tena duniani.

Mafundisho

ya Yesu wa Nazareti Mlimani
iliyofafanuliwa, kurekebishwa
na kutafsiriwa
kwa kina na Kristo Mwenyewe,
na kufunuliwa kwa Gabriele,
nabii na mjumbe wa Mungu

Yaliyomo

Utangulizi

Kumepita zaidi ya miaka elfu mbili sasa, tangu Yesu wa Nazareti alipowatolea wanadamu Mafundisho ya Mlimani. Baadhi ya sehemu muhimu za mafundisho haya zinapatikana katika Biblia (Mt. 5-7). Mafundisho ya Mlimani ni msingi wa mafundisho ya Yesu, yana maelekezo ya msingi yanayotuwezesha kutekeleza Sheria za Mungu, na kuishi ipasavyo na wanadamu wenzetu na pia wanyama na mazingira. Mtu anayetekeleza mafundisho haya maishani mwake atahisi upesi sana kwamba maisha yake yanabadilika, na atageuka mtu chanya na mwenye amani.

Viongozi wa Makanisa na wanasiasa wa ulimwengu unaoitwa wa kikristo wanathibitisha upande wao kwamba mafundisho haya ni udanganyifu na hayawezi kutekelezwa.

Kwa hiyo, Je, Yesu wa Nazareti alikuwa mdanganyifu?

Au Je, alikuwaYule aliye na uwezo wa kuonyesha wanadamu njia ya kuwatoa katika hali ya ubinafsi wa mwanadamu?

Kristo, Mwana wa Mungu, alitembea duniani hii kama Yesu wa Nazareti.Tangu wakati aliposema kwenye Mlima Golgotha kwamba «yote imetimia», Roho wake wa ukombozi anaishi na kutenda kazi ndani ya kila mmoja wetu. Katika kipindi cha miaka elfu mbili iliyopita, amezungumza mara na mara na wanadamu kwa njia ya manabii wa Mungu. Leo, katika wakati huu wa misukosuko kubwa, anajidhihirisha tena kupitia nabii wake Gabriele. Anafafanua na kutafsiri kwa kina mafundisho aliyotoa kama Yesu wa Nazareti. Hivi ndivyo ilivyo pia katika kitabu chake kikubwa cha ufunuo «Hili ni Neno Langu. Alfa na Omega. Injili ya Yesu. Ufunuo wa Kristo unaojulikana na wakristo wa kweli wa ulimwenguni pote.»

Kitabu hiki kina dondoo kutoka kwa kazi hii kubwa inayoenda mbali zaidi ya yaliyomo katika Biblia. Hakika, kitabu hiki kinatutolea muhtasari mkubwa wa kile kilichokuwa, wa kile kilicho na kile kitakachokuwa. Katika ufunuo huu, Kristo anatolea pia wanadamu mwongozo unaojumuisha nyanja zote za maisha ya kweli ya kiroho kwa mujibu wa Sheria za Mungu. Kwa hivyo, katika kitabu hiki, «Hili ni Neno Langu», mnatimizwa maneno aliyosema kama Yesu wa Nazareti: «Ningali bado na mambo mengi ya kuwaambia...» (Yohana16:12). Akichukua kama msingi «Injili ya Yesu», injili apokrifa, ambayo haimo ndani ya Biblia, Kristo anaeleza Mwenyewe maisha yake na kazi yake kama Yesu wa Nazareti. Anatuonyesha kwa kipekee jinsi tunavyoweza kuishi, katika siku hizi kulingana na Sheria za Mungu, na Amri Kumi na kulingana na Mafundisho ya Mlimani, na anatupa maono ya wakati ujao, maono ya Ufalme wake wa amani duniani.

Mafundisho ya Yesu Mlimani yana kiini cha Njia ya kiroho ambayo Kristo anafundisha leo viwango vyote na maelezo yote kwa msaada wa Neno lake la unabii. Njia ya kiroho ni njia ya kujijitambua mwenyewe na, kwa upendo kwa Mungu, kushinda makosa ya ubinafsi wa mwanadamu.

Mtu anayefaulu kufuata njia hii isiolenga faida, njia ya usawa, ya uhuru, umoja, undugu na ya haki, hupata nguvu ya kutimiza zaidi na zaidi Mafundisho ya Yesu Mlimani na Amri Kumi katika maisha yake ya kila siku, na pia katika maisha yake ya kitaaluma na ya kiuchumi.

Kitabu hiki kinalenga kutoa Mafundisho ya Yesu Mlimani kwa wote wanaoyatafuta. Mafundisho haya hayana tu sehemu zilizo hifadhiwa katika Biblia, lakini kitabu hiki kina mafundisho kamili yaliyo na maelezo na mafasiriyo ya kina ambayo Kristo alifundisha kwa wanadamu wa leo kupitia Neno lake la unabii. Kitabu hiki pia kinakusudia kumpa msomaji mhtasari wa kina wa kitabu «Hili ni Neno Langu.» Alfa na Omega. Injili ya Yesu. Ufunuo wa Kristo unaojulikana na Wakristo wa kweli wa ulimwenguni pote.»

Kama ilivyoonyeshwa tayari, kwa uandishi wa kitabu hiki, Kristo anategemea kitabu «Injili ya Yesu. Ni nini iliyotokea zaidi ya miaka 2000 iliyopita sasa?» Hata hivyo, kuona kwamba vifungu vimoja vya kitabu hicho si kamili na pengine si sahihi, Kristo anafafanua na kusahihisha nakala hiyo kwa wakati wetu huu. Vifungu ambavyo Kristo harudilii vinalingana na ukweli kuhusu maisha na kazi yake kama Yesu wa Nazareti. Zaidi ya hayo, Kristo anakuza na kuendeleza maelezo ya muhimu ya «Injili ya Yesu». Hivyo, kitabu kamili «Hili ni Neno Langu» kinawatolea wanadamu ukweli wote, vipengele vyote vya muhimu vya maisha ya Yesu na mafundisho yake.

Katika kitabu «Hili ni Neno Langu», tunaweza kusoma aya za «Injili ya Yesu» na maneno ya Kristo ambamo alifafanua, kusahihisha na kutafsiri kwa kina vifungu hivi mnamo mwaka 1989. Muundo huu pia umehifadhiwa katika dondoo iliyomo katika kitabu hiki. Vichwa vya mambo vimeongezwa ili kupanga vema maandishi na kuyapa sura iliyo wazi zaidi.

Katika kitabu hiki pia mnapatikana Amri Kumi na mbili za Yesu, ambazo Kristo aliwapa wanadamu katika kitabu chake cha ufunuo «Hili ni Neno Langu» (sura 46, 7-21). Kimsingi, hizi ni Amri Kumi zilizofunuliwa na Mungu kupitia Musa na kukuzwa na Yesu wa Nazareti kwa ajili ya Ufalme wake ujao wa amani duniani.

Habari ifuatayo ni ya muhimu sana kwa msomaji anayetaka kutekeleza maishani mwake amri za Mafundisho ya Yesu Mlimani: Baada ya kufunua mambo kamili katika Mafundisho yake Mlimani na Njia iongozayo kwenye Mungu ndani ya kila mmoja, mnamo mwaka 1991, Kristo alifunulia mitume na wanafunzi wake ambao wangeweza kuelewa kile kilicho juu zaidi, Sheria Kamili, katika kazi yake ambayo ni «Mafundisho makuu ya ulimwenguni pote ya Yesu wa Nazareti kwa mitume na wanafunzi Wake, ni nani angeweza kuyaelewa. Maisha ya watu wanaojazwa hakika na Mungu». Ni Sheria ya Mbinguni iliyotolewa kama msaada wa ziada kwa wale wote waliojitolea kugeuka watu safi moyoni kwa kutimiza Amri za Mungu.

Mungu alitoa na anaendelea kutoa. Haswali ikiwa watu wanatambua na kushika Neno lake, Neno la Mungu. Kila mtu anaweza kulichunguza na kuamua mwenyewe kile anachotaka kufanya. Hebu yeyote anayeweza kuielewa, aielewe.

Matoleo Gabriele – Neno

Heri

Yesu alipouona umati wa watu, akaenda mlimani. Na wakati alipokuwa akiketi, mitume wake 12 wakamwendea. Akaelekeza macho yake upande wa wanafunzi wake na kusema:

«Heri walio maskini wa roho, kwa maana Ufalme wa Mbinguni ni wao. Heri wenye kuteswa maana hao watafarijiwa. Heri wenye upole maana hao wataimiliki nchi.

Heri wenye njaa na kiu ya haki, maana hao watashibishwa. Heri wenye rehema maana hao watapata rehema. Heri walio na moyo safi maana watamuona Mungu. Heri wanaoleta amani maana hao wataitwa wana wa Mungu. Heri wenye kuteswa kwa kuwa walichagua muelekeo wa haki, kwa maana Ufalme wa Mungu ni wao.

Ndiyo, mtabarikiwa muda ambapo watu watakapowachukia na kuwafukuza katika jumuiya yao, wakiwashutumu na kufuta majina yenu kwa ajili ya Mwana wa mtu. Furahini siku hii na shangilieni kwa furaha, kwa maana, thawabu yenu itakuwa kubwa Mbinguni. Kwa maana baba zao waliwafanyia manabii vivyo hivyo. (Sura ya 25, 1-4)

Kristo anafafanua, anarekebisha na anatafsiri neno kwa kina:

Mafundisho ya Yesu Mlimani ni Njia ya kiroho inayoelekea kwenye moyo wa Mungu, njia inayoongoza kwenye ukamilifu.

Waliobarikiwa watamtazama Kristo na kumiliki inchi pamoja na Mimi, Kristo, kwa unyenyekevu na upole wote. Heri anayeona fahari ya Mungu Baba-Mama katika mambo yote! Amegeuka mfano hai kwa wengi.

Ninawaongoza walio wangu kwenye ujuzi wa ukweli.

Mtu yeyote atokaye katika kweli huisikia sauti yangu kwa sababu yeye mwenyewe ndiye kweli. Kwa hiyo, anasikia na kutafakari ukweli.

Wenye heri ni watu wasio na woga na wenye furaha, kwani wanatafakari na kusikia yale ambayo wale ambao bado wamejificha nyuma ya ubinafsi wao hawasikii na hawaoni na wanashikamana na ubinafsi huo kwa nguvu zao zote ili wasiwatambue.

Lakini, waliobarikiwa huona ndani ya shimo la utu wa mwanadamu na huko wanaona mawazo yaliyofichwa sana ya jirani zao. Wanaiangazia kwa nguvu ya fahamu zao za nuru na kuhutubia wenzao kwa kusema:

«Heri walio maskini wa roho, maana Ufalme wa Mbinguni ni wao!»

Neno «maskini» haihusu ukosefu wa mali. Sio ukosefu wa mali ndio unaoleta raha ya Rohoni, bali mshikamano wa kina na Mungu, unaoongoza mtu kutimiza mapenzi Yake. Huu ndio utajiri wa kiroho.

Neno «maskini» linahusu wale wote ambao hawatafuti kumiliki na kukusanya mali. Mawazo na mioyo yao inaelekezwa kwenye maisha ya jumuiya, inamaanisha kwamba wanatumia mali waliopewa na Mungu kulingana na sheria ya Mungu. Hawatamani na hawataki kumiliki mali ya dunia hii. Wanafanya huduma kwa manufaa ya wote, wananyoosha mikono yao kwa Mungu na wanafuata kwa uangalifu njia inayoongoza kwenye maisha ya kiroho. Lengo lao ni Ufalme wa Mungu ndani yao wenyewe, ambao wanataka kufundisha na kuwaletea watu wote wenye nia njema. Utajiri wao wa kiroho ni maisha ndani ya Mungu, kwa Mungu na kwa jirani zao. Wanatimiza amri «Omba na ufanye kazi».

Wanaelekea upande wa Roho wa Mungu na wanapokea kutoka kwa Mungu kile wanachohitaji kwa maisha yao ya duniani na zaidi tena. Hawa ndio waliobarikiwa katika Roho wa Mungu.

«Heri wenye kuteswa, maana watafarijiwa.»

Mateso hayasababishwi na Mungu. Mara nyingi, mateso hutokana na yule iliyompata. Lakini pia katika ulimwengu wa nafsi, nafsi ya mtu anayeteseka imechukua sehemu ya mizigo ya wengine kwa kusudi yasamehewe duniani, ili nafsi ya ndugu au dada yule iweze kufikia maeneo ya juu sana ya uzima wa kiroho.

Mtu anayekubali mateso yake bila kuwahusisha wengine na ambaye, katika mateso, anatambua makosa na udhaifu wake, anatubu, anaomba msamaha na anasamehe, atapata rehema ya Mungu, kwa sababu Bwana anataka kuwafariji watoto wake, kuwasaidia na kuwaondolea yasiyofaa, na yasiyo bora kwa nafsi zao. Hakika, wakati mateso yanapotoka nafsini, yaani wakati sababu zilizokuwa zikifanya kazi pale zinapofutwa, mtu huyo humkaribia Mungu zaidi na zaidi.

«Kubali mateso yako» inamaanisha: Usilalamike juu ya hayo; usishutumu Mungu wala jirani yako. Tafuta chanzo cha mateso yako katika mwenendo wako mbaya.

Tubu, samehe, omba msamaha na usirudie dhambi uliyoitambua. Mungu anaweza sasa kufuta kosa hili toka nafsi yako na utapokea nguvu zaidi, upendo na hekima kutoka kwake.

Ukimuona mtu aliyepatwa na kujaribiwa na mateso, na anayeomba msaada wako, mpe msaada na umsaidie kadiri uwezavyo kulingana na kile kinachofaa kwa roho yake. Na jirani yako akikubali msaada wako kwa shukrani na ukamfaidisha, ikiwezekana, mpe basi zaidi.

Ila wewe unayemsaidia, fanya hivyo bila kulenga faida. Ukimsaidia kwa sababu unahisi kulazimishwa kufanya hivyo, hutapata thawabu yoyote ya kiroho, wala hutakuwa ukifanya huduma kwa nafsi ya yule anayeteseka; utautumikia mwili wake tu, yaani gari la nafsi.

«Heri wenye upole maana wataimiliki nchi.»

Upole, unyenyekevu, upendo na wema huenda pamoja. Mtu aliyegeuka upendo usiolenga faida amegeuka pia mpole, mnyenyekevu na mwema. Amejaa hekima na nguvu.

Watu wanaoishi katika Roho wangu, wanaopenda bila kulenga faida, wataimiliki nchi. Ona, njia iongozayo kwenye roho wa Mungu ni njia iongozayo kwenye moyo wa upendo usiolenga faida. Amani ya Mungu hutiririka toka upendo usiolenga faida.

Wanaofuata njia inayoongoza kwenye roho wa Mungu, hata wale ambao tayari wanaishi ndani ya Mungu, wanatenda kwa ajili ya Enzi Mpya, wanafundisha njia inayoongoza kwa Mungu na kwa wanaotaka. Kwa namna hii, wanaimiliki dunia zaidi siku zote, katika Roho Wangu.

«Heri wenye njaa na kiu ya haki, maana watashibishwa.»

Mtu aliye na njaa na kiu ya haki ya Mungu anatafuta ukweli, anatamani uzima ndani ya Mungu na pamoja na Mungu. Atashibishwa.

Wewe ndugu yangu, wewe dada yangu unayetarajia haki, uzima ndani ya Mungu na pamoja na Mungu, farijiwa na uinuke kutoka katika utu wa kibinanadamu wenye dhambi! Furahini, kwa maana wakati umefika ambapo Ufalme wa Mungu unakaribia kwa wote wanaojitahidi kutimiza amri za Uzima.

Tazama, Mimi, Mkombozi wako, Mimi ni ukweli ndani yako. Kwa hiyo Mimi ni ndani yako, njia, ukweli na Uzima.

Ukweli ni Sheria ya upendo na Uzima. Amri Kumi, ambazo ni dondoo ya Sheria ya

Ulimwengu wa Mungu, zitakuonyesha njia ya ukweli. Heshimu Amri Kumi na utazidi kufuata Mafundisho ya Yesu Mlimani ambamo mnaelezwa misingi ya njia ielekeayo kwenye ukweli.

Njia ya ukweli ndiyo njia iongozayo kwenye moyo wa Mungu, Uzima wa Milele ambao ni upendo usiolenga faida. Utekelezaji wa Mafundisho ya Yesu Mlimani unaongoza mtu kwenye Ufalme wa Mungu, kwenye Sheria za Ufalme wa amani wa Yesu Kristo. Ukiingia ndani zaidi na kuitimiza, utafikia kwenye hekima ya kimungu.

Tambueni kwamba hakuna mtu angelipashwa kuwa na njaa na kiu ya haki. Fanya hatua ya kwanza upande wa Ufalme wa upendo ukianza kuwa mtenda haki mwenyewe. Jizoeze kuwaza na kuishi kwa njia chanya, baadaye utageuka kuwa moja kwa moja mtu mwadilifu anayeleta haki ya Mungu katika ulimwengu huu na anayeidhihirisha, kwa sababu unatimiza mapenzi ya Mungu, Bwana, kutokana na upendo na hekima yake.

Tambueni kwamba wakati unakaribia ambapo yale yaliyofunuliwa yatatimilika. Simba atalala kando ya mwana-kondoo kwa sababu kupitia Mimi, Mkombozi wao, wanadamu watakuwa washindi juu yao wenyewe. Wataunda familia moja kubwa katika Mungu na wataishi kwa umoja na wanyama na mazingira yote.

Furahini, Ufalme wa Mungu umewakaribia; na pamoja nao, Mimi pia, Mpatanishi, Mkombozi wenu, mtawala wa Ufalme wa amani wa Yesu Kristo.

«Heri wenyi rehema, maana watapata rehema.»

Rehema za Mungu ni upole na wema wake. Kwa nafsi zote, rehema ya Mungu ndiyo mlango wa ukamilifu wa uzima. Wale wote ambao, kwa njia Yangu, Kristo anayeishi ndani ya Baba-Mama, yaani Mungu, watakuza katika nafsi zao nguvu saba za msingi za Uzima – Sheria ya marekebisho hadi rehema – watapita kama viumbe vya kiroho safi kupitia mlango wa rehema kwa kuingia katika upendo usiolenga faida, Ufalme wa Mungu, Mbingu safi, na wataishi kwa amani. Lango la Uwepo wa milele ni nguvu ya saba ya msingi, yaani rehema; ndani ya Roho wa Mungu, inaitwa wema na upole. Wote wanaojitahidi kusitawisha rehema watapata rehema na kuwasaidia wale ambao wangali bado kwenye njia ya rehema.

Eleweni kwamba kufuata njia ielekeayo kwenye roho wa Mungu ni kufuata njia ya jumuia na wale wanaoshiriki malengo moja. Kwa maana Mungu ni umoja, na umoja ndani ya Mungu ni jumuia ndani ya Mungu na pamoja na Mungu, na pamoja na jirani pia.

Mtu aliyefanya hatua za kwanza kwenye njia ya ukamilifu atatimiza amri ya umoja: Mmoja kwa wote, Kristo, na wote kwa Mmoja ambaye ni Kristo.

Kama ilivyofunuliwa tayari, Mafundisho ya Yesu Mlimani ndiyo njia ya mageuzi inayoongoza kwenye uzima wa ndani. Wale wote ambao tayari wameendelea kwenye njia hii ya maendeleo inayoongoza kwenye moyo wa Mungu huwasaidia kwa upande wao wale ambao bado wangali mwanzo tu wa safari. Katika yote na juu ya yote hung'aa Kristo ambaye ni Mimi.

«Heri wenye moyo safi maana watamuona Mungu.»

Moyo safi ni nafsi iliyogeuka kiumbe cha kiroho kamili, kupitia Mimi, Kristo ndani ya Mungu Baba-Mama.

Nafsi safi zilizogeuka viumbe vya mbinguni Zinafanana na Baba wa Milele na zinamtazama uso kwa uso. Zinatazama, zinaishi na kufahamu kwa wakati huo huo Sheria ya Baba wa milele kwa sababu zimegeuka mara tena Roho iliyotoka kwenye Roho wake, Zinageuka Sheria ya milele.

Endapo itabidi mtu au nafsi ijitahidi kumtambua Roho wa Mungu ndani mwake, hayo yanamaanisha kwamba hajageuka bado Roho toka Roho wake, Sheria ya upendo na Uzima.

Mtu anayegeuka kuwa Sheria ya Upendo na Uzima, anatazama Baba wa milele uso kwa uso na anawasiliana naye kwa uangalifu mara kwa mara. Anatafakari pia Sheria ya Mungu, Uzima uliotolewa na Mungu, kwa ujumla wake kwa sababu yeye mwenyewe ni Uzima na upendo, mtu huyu anadumu katika kanuni hizo. Mtu anayeshika Sheria kamili anaendeleza upya sheria hizo kabisa toka ngazi ya marekebisho hadi ile ya rehema. Nguvu saba za kimsingi za Asiye na mwisho huitumikia kwa sababu anaishi katika amani na katika umoja kamili na uzima wote.

«Heri wapatanishi; maana wataitwa wana wa Mungu.»

Maneno hayo yanamaanisha kwamba:

Heri waishio kwa amani. Wanaleta amani ya kweli duniani kwa sababu wao wenyewe wamekuwa wapatanishi. Ni wana wa Mungu hakika.

«Heri wanaoteswa kwa sababu ya haki, maana Ufalme wa Mungu ni wao.»

Tambueni kwamba watu wanaofuata nyayo zangu hawakutambuliwa na watu wanaoshikamana na ulimwengu huu, kwa sababu watu hao pia walinidharau wakati wa maisha yangu duniani katika mwili wa Yesu. Katika nyakati zote, wale waliofuata mfano wa Mnazareti walilazimika kuvumilia na kupitia mateso mengi.

Ole wenu...

Ole wenu, matajiri! Kwa maana mmekwisha pata faraja yenu katika uzima huu. Ole wenu ninyi mlioshiba, kwa maana mtakuwa na njaa. Ole wenu ninyi mnaocheka sasa, maana kesho mtasikitika na kulia. Ole wenu ikiwa watu wote wanawasifu, kwa sababu baba zenu waliwafanyia hivyo hivyo manabii wa uongo. (Sura ya 25, 5)

Kristo anaeleza, anarekebisha na
anatafsiri neno kwa kina:

«Ole wenu nyinyi matajiri! Kwa maana mmekwisha pata tayari faraja yenu katika uzima huu.»

Mtu anayechukua mali yake kama mali yake binafsi ni maskini wa kiroho. Wengi miongoni mwa walio matajiri wa dunia hii, katika umwilisho huu, walipewa wajibu wa kiroho wa kuwa vielelezo kwa matajiri wanaotegemea na kujivunia sana utajiri wao na ambao lengo lao moja ni kuyazidisha kwa manufaa yao binafsi. Mtu tajiri anayemiliki bidhaa ya ulimwengu huu, anayetambua kwamba utajiri wake ni zawadi ambayo Mungu alimpa kwa faida ya wote na anayeutumia kwa kufuata Sheria ya Mungu na kwa faida ya watu wote, anatimiza Sheria ya usawa, uhuru, umoja na undugu. Kwa kutoa bila kulenga faida, mtu huyo anasaidia kusudi maskini wasiishi katika ukosefu na matajiri katika anasa.

Hayo yanaruhusu kuunda hatua kwa hatua usawa, na daraja la wastani la kiwango cha juu kwa wale wote ambao wako tayari kutimiza bila kulenga faida sheria ya «Omba na ufanye kazi». Hivyo, hatua kwa hatua, ubinadamu wa kweli unatimizwa, jumuia ambayo washirika wake hawakusanyi mali ya kibinafsi ya kidunia, lakini wanachukua kila kitu kuwa ni kitu walichokipewa na Mungu kwa manufaa ya wote.

Tajiri anayechukua bidhaa na pesa zake kama mali yake binafsi na ambaye, kwa sababu ya utajiri wake yumo katika anasa duniani, atapatwa na vinyume vya sababu alizopanda wakati ijayo wa kuzaliwa upya kwake duniani. Ataishi katika nchi maskini ambamo ataombaomba mkate aliowanyima watu wakati alipokuwa tajiri. Itakuwa hivyo endapo kuzaliwa upya huko bado kutawezekana.

Nafsi ya mtu kama huyo haitapata amani mahali pa utakaso. Nafsi zisizo na nuru ya kutosha ambazo, wakati wa kuzaliwa upya kwao, ziliteseka na njaa na kiu kwa sababu ya tabia ya mtu huyo, zitamtambua kuwa ndiye aliyezinyima kile ambacho kingeweza kuzisaidia kutoka kwenye machafuko ya ubinafsi. Nyingi miongoni mwa nafsi hizo zitamgeukia kwa kumshutumu. Nafsi ya mtu tajiri huyu itahisi mateso na njaa iliyovumiliwa na nafsi hizo. Kwa hiyo, nafsi ya mtu aliyekuwa tajiri na aliyeheshimiwa sana inaweza kupata mateso makubwa zaidi kuliko jinsi angelazimika kuomba-omba mkate alipokuwa katika mwili wa kidunia.

Tambueni kwamba kulingana na Sheria za Bwana, wote wanaoishi bila ubinafsi, amri «Ombeni na kufanya kazi» wangepashwa kupokea kwa usawa, kwa maana Mungu humpa kila mtu kile anachohitaji na zaidi tena. Lakini, endapo amri hiyo haitaheshimiwa na watu wote, kutakuwako duniani wale wanaoitwa matajiri. Kazi yao ni kugawa mali walizokusanya na kuishi kama wale ambao bila ubinafsi wanatimiza amri «Ombeni na fanyeni kazi.» Ikiwa kwa namna hiyo watu hao hawafikirii tena manufaa yao wenyewe bali faida ya wote, utajiri wa ndani utajidhihirisha pia kwa nje. Kwa hiyo hakuna mtu atakayeteswa na njaa au ukosefu wa vitu vya muhimu.

Ole wenu nyinyi matajiri mnaochukua pesa na bidhaa zenu kama mali yenu binafsi na mnaowafanya majirani zenu wafanye kazi ili kuongeza mali yenu daima! Nawaambieni: Hamtaona kiti cha enzi cha Mungu bali mtaendelea kuishi pale palipo miguu ya Mungu, yaani duniani ambapo mtazaliwa upya mara nyingi ikiwa hayo yanawezekana. Hata kama mnajifanya wafadhili wa mashirika ya kiutu mkiwa wenyewe matajiri mno kuliko wale mnaowatolea misaada hiyo, nyinyi ni watumwa wa shetani ambaye anataka kuwepo kwa pengo kati ya maskini na tajiri.

Pengo hilo husababisha mamlaka na utiifu, wivu na chuki. Pengo hilo husababisha pia migogoro na vita. Ndiyo maana wale wanaong'ang'ania mali zao, hata kama mara kwa mara wanafanya kazi za hisani, wanamtumikia shetani na kutenda kinyume na Sheria ya Uzima, usawa, uhuru, umoja na undugu.

Kwa mujibu wa Sheria ya Uzima, mtu anayechukua bidhaa na pesa kuwa mali yake binafsi na kujilimbikizia, badala ya kuruhusu nguvu hizo za kimwili kuenea, mtu huyu ni mwizi, kwa sababu anamnyima jirani yake sehemu ya urithi wake wa kiroho. Hakika, yote ni nguvu. Mtu anayefunga nguvu hiyo kwa kuihodhi kwa ajili yake peke, anatenda kinyume na Sheria ambayo ni nguvu katika mzunguko usio na mwisho.

«Ole wenu Nyinyi mlioshiba, kwani mtakumbwa na njaa.»

Mtu tajiri anayeshiba, na anayejaza tu maghala yake mwenyewe, ana moyo usio na ubinadamu. Kwake yeye vyote hutegemea mgao wa mali «hiki ni changu» na «hicho ni chako». Fikra na hisia zake zinaelekezwa tu kwenye kitu changu, milki yangu, «mkate wangu», «chakula changu», «Vyote hivyo ni vyangu». Huo ndio ulimwengu wake mdogo. Mtu kama na huyo atakumbwa siku moja na njaa na atakuwa mhitaji hadi muda atakapotambua kwamba yote ni Uzima safi, Mali yote ni ya Mungu na wale wote wanaojitahidi kutenda huduma ya Mungu yaani kutekeleza upendo usio na ubinafsi na Kanuni ya Uzima inayotumiwa Duniani : «Omba na utende kazi.»

Mtu anayeshughulikia tu vitu vyake mwenyewe hana nuru nyingi ndani mwake na anasababisha tayari leo hali za kuwa siku moja omba omba iwe katika uzima mwingine duniani iwe katika ziara ndefu ambayo nafsi yake inapashwa kufanya ndani ya ufalme wa nafsi.

Nafsi iliyo povushwa na vitu vya kimwili ina njaa ya nuru bila kuyafahamu kwani inakosa nuru. Ndiyo maana nafsi inajaribu kujaza pengo hiyo ya nuru, hayo yanamsukuma kwa mfano kujirundikia mali ya dunia au kujitumbukiza katika tamaa kali ya feza, ulafi, ulevi na hali nyingine za tamaa kama wivu na anasa. Mtu kama huyo hatosheki kamwe.

«Ole wenu nyinyi mnaocheka leo, kwani kesho mtasikitika na kulia.»

Yule anayewachekelea na kuwadhihaki wenziwe, siku moja atasikitika na kujililia; mwenyewe kwani hakuthamini wale aliowachekelea na kuwadharau. Kwa hiyo atapashwa kutambua kwamba alijidharau na kujichekelea mwenyewe, kwani yule anayemuadhifbu na kumhukumu mwenziwe, anayemchekelea, anayemdhihaki na kumsingizia, ananiadhibu, kunihukumu na kunisingizia Mimi Kristu.

Tambueni kwamba mtu yeyote anayemtendea vibaya mdogo sana wa ndugu Zangu, anafanya dhambi dhidi ya sheria ya Uzima, atateswa siku moja kwa ajili ya hayo. Hapo hapo amejifunga pia kwa watu aliodharau. Ndiyo sababu, muwe waangalifu na mjizoeze kujichunguza wenyewe. Si kitu kinachoingia kinywani mwako ndicho kinachotia dosari nafsi yako, bali ni kile kinachotoka kinywani mwako ndicho kinachochafua nafsi na mwili wako.

«Ole wenu ikiwa watu wote wanasema mambo mazuri kuhusu nyinyi, kwa kuwa baba zenu walitenda hivyo kwa manabii wa uwongo.»

Wakati unapomsifu mwenzio ili uonekane mwema na upate shukrani yake, wewe ni kama tapeli anayelipa pesa bandia ili kujipatia faida.

Manabii wa uwongo wanafanya pia vivyo hivyo. Walikuwa na wanaendelea kuaminiwa vema na watu kwa sababu daima wanawapendekeza na kufurahia kuungwa mkono na watu wenye ushawishi ambao wanafikiri watapata manufaa ya kibinafsi kwa njia hii.

Ninyi mnaoishi katika Ufalme wa amani, fahamuni kwamba katika ulimwengu wa kale wenye dhambi, watu wengi sana waadilifu, manabii wa kweli: waume na wake waliojazwa na Mungu walitukanwa na kuteswa na matajiri na wenye uwezo wa ulimwengu huu, na vyongozi vya makanisa na hata wafuasi wao, kiasi kwamba wengi wao waliteswa au kuuawa. Nyakati zote, nguvu za kishetani zimetumia kama vyombo wale waliotaka kujiwekea au kujiongezea mali zao za kidunia, wale waliotamani kutawala pamoja na wale watiifu kabisa kwa matajiri na wenye mamlaka.

Ni vema mjue jambo hilo kusudi muelewe kwa nini ulimwengu wa kale wa dhambi ulianGamia vibaya sana.

Miongoni mwa manabii wa uongo, mnahesabiwa wale waliohubiri injili ya upendo bila kuitimiza katika maisha yao. Pia ni wale wote waliojiita «wakristo» bila kuwa na mwenendo wa kikristo katika maisha yao. Mara nyingi walisifiwa kwa ufasaha wao na kuheshimiwa kwa mali na ufahari wao.

Eleweni, hata hivyo, kwamba, manabii wa kweli na watu walioangaziwa na Mungu walichangia ili chanzo cha nuru ya uzima wa kiroho kin'gae na kitoe nuru sana kwenye pande zake zote zinazounda ukweli wa milele.

Hivyo ndivyo, hatua kwa hatua, Ufalme wa Mungu ulianza duniani.

Kaka na dada katika Ufalme wa amani, ni wajibu wenu kutunza, kulinda na kuhifadhi kama ua la thamani chanzo hicho safi cha nuru chenye kumeremeta ambacho ni uzima wa kiroho. Ni Sheria ya upendo na ya hekima ya Mungu, mpango, mapenzi, hekima, unyoofu, wema Wake, mng'ao Wake wa upendo na upole usio na kikomo.

Ninyi ni chumvi ya dunia

Ninyi ni chumvi ya dunia, kwa maana dhabihu yoyote lazima itiwe chumvi; lakini chumvi ikiwa imepoteza ladha yake, ni chumvi ipi basi tutakayotumia? Hapo itakuwa vizuri tu itupwe chini na kukanyagwa. (Sura ya 25, 6)

Kristo anaeleza, anarekebisha na anatafsiri neno kwa kina:

Wenye haki ni chumvi ya dunia.

Wapo makini na ubaya katika ulimwengu huu na wanasugua kwa kidole chao jeraha la dhambi. Kwa sababu, nyakati zote, maovu mengi yametendwa katika ulimwengu huu ulio bado wa dhambi, na watu wengi wamekuwa waathirika wa ubaya huo kwa jina la Injili.

Waadilifu hao watarudishiwa thamani tena na waume na wake waadilifu wenzi wao, kwa maana yote yatafunuliwa na chumvi ya Dunia. Leo, katika wakati huu wa msukosuko mkubwa na mpito toka ulimwengu wa kale na wenye dhambi hadi Enzi Mpya, Enzi ya nuru, wenye haki wataweka bayana dhuluma na kuidhihirisha ili wale walioitenda wajitambue na watubu.

Lakini, muwe macho, ninyi wadilifu ambao ni chumvi ya dunia, kusudi isipoteze ladha yake. Basi dumuni katika uadilifu na wala msidanganywe, kwani ni kazi ya nani kuleta haki katika dunia hii na kutolea watu tahadhari juu ya upotovu na madhambi yanayofanywa na wanadamu? Hiyo ni kazi tu ya wale wanaojua Jina Langu na walioandikwa katika kitabu cha Mwana-Kondoo.

Mtu ambaye si tena chumvi ya dunia yumo miongoni mwa wale waliolitumia kwa hali bandia na wanaoendelea kulitumia kwa hali hiyo Jina Langu ili kufikia malengo yao, wale waliowatesa wenye haki, waliowasingizia na kuwaua.

Ikiwa chumvi ya dunia itafifia na mtu akawadharau majirani zake, basi ataanguka kwa sababu zake mwenyewe. Kama ilivyosemwa katika lugha ya picha: mtu huyo atajikanyaga mwenyewe. Dhambi ambazo bado hajatubu humsabishia ugonjwa upungufu wa nguvu na mateso. Nafsi isio na nuru ya kutosha itateswa na kuhisi uchungu mkali ndani mwake juu ya uovu aliomtendea jirani yake.

Ninyi ni nuru ya ulimwengu

Ninyi ni nuru ya ulimwengu. Mji uliojengwa juu ya mlima hauwezi kufichama. Wala hatuwashi taa ili kuificha, chini ya pishi, bali kuiweka juu ya kinara ili iwaangazie wote waliomo nyumbani. Hivyo, nuru yenu na iangaze machoni pa watu, wapate kuyaona matendo yenu mema, wamtukuze Baba yenu aliye mbinguni. (Sura ya 25, 7)

Kristo anaeleza, anarekebisha na anatafsiri neno kwa kina:

Mimi ni nuru ya ulimwengu.

Wakati wa mabadiliko makubwa ya enzi, mioyo zaidi na zaidi iliwaka katika nuru yangu na kutambua ukweli wa milele uliomo katika Neno langu. Watu wengi mno walifuata Njia ya Kiroho na kukubali zawadi za Uzima, yaani, mafundisho na mafunzo toka kwa ukweli wa milele unaowaruhusu kumkaribia Mungu, Uwepo wa milele.

Waume na wanawake wengi wakageuka waaminifu Kwangu kwa sababu walikuwa wakitimiza mapenzi ya Mungu. Walishirikiana katika Roho Wangu na wakawa waanzilishi wa Enzi Mpya wakaweka misingi ya Ufalme wa Mungu duniani na wakaanza kuujenga.

Nifuateni!

Msifikiri kwamba nimekuja kuharibu Sheria na Manabii. Sikuja kuisitisha, bali kuitimiza. Kwa kweli nawaambieni,muda wote ambapo mbingu na nchi vitaendelea kuwepo, hata herufi moja, hata nukta moja ya Torati na manabii haitatoweka, hadi muda ambapo yote yatatimilika. Lakini tazameni, yule aliye mkuu kuliko Musa yupo hapa, na huyo atawatolea Sheria kuu, na kamilifu, na ni Sheria hiyo tu ndiyo mtapashwa kutii. (Sura ya 25, 8)

Kristo anaeleza, anarekebisha na anatafsiri neno kwa kina:

Kama Yesu wa Nazareti nilifundisha sehemu za Sheria kamilifu na Kamili kwa waume na wanawake walionifuata, na kwa wale wote walionisikiliza. Pia niliwaeleza kwamba sheria kamili ya upendo inang'aa katika sheria ya kupanda na kuvuna, kwa sababu Roho yuko kila mahali na pia anatenda kazi katika sheria ya kupanda na kuvuna ambayo ni sheria ya anguko.

Kupitia Mimi, Kristo niliyefanyika mwili katika Yesu wa Nazareti, na kupitia manabii wengine wote wa kweli wa Mungu, wa Milele aliwafundisha na kuwaonya watoto wake wanaoishi kwenye mipango zisizo kamili akiwaeleza kwamba sheria ya anguko, sheria ya kupanda na kuvuna, hufanya kazi bila kikomo. Mtu asiyejitambua pa wakati na asiyerekebisha mwenendo wake, atalazimika kuvumilia matokeo ya sababu alizozusha. Siku zote, hata leo [1989], Wamilele anajitahidi kuwaongoza wanae wanadamu na nafsi zote kwenye moyo wake na kwenye Sheria ya upendo wa milele, kabla ya mavuno – yaani matokeo ya sababu zao iwaathiri. Kupitia Mimi, Kristo, Wamilele anawashawishi wafikie hali ya kujitambua. Anawapa nguvu ya kuacha dhambi na makosa wanayoyatambua.

Kristo, Yule Aliye, Alichukua mwili duniani humu kupitia Yesu wa Nazareti, ili awafundishe wanadamu Sheria ya Milele na awe kielelezo kama Mwana wa mtu, ili wanadamu wapate kuelewa njia iendayo kwa Baba wa milele, na kutimiza Sheria yake na hivyo kupata tena makao ya milele anayoyatayarishia kila mwanae.

Wakati wa maisha yangu duniani, warithi wangu halisi ni wale walionifuata na kutekeleza Sheria ya milele.

Baadaye, katika vizazi vilivyofuata, mlikuwemo Ukristo halisi upande mmoja na Ukristo bandia kwa upande mwingine. Kwa hiyo kwa upande mmoja kulikuwa na wale walionifuata Mimi kwa uhuru katika kutimiza Sheria za Mafundisho ya Yesu Mlimani, na kwa upande mwingine wakristo wa nje waliozungumzia kuhusu Mimi, Kristo, lakini wakatenda kinyume na Sheria za Mungu. Kulikuwa pia kile kinachoweza kuitwa «ufuasi wa kulazimishwa» ambao ulitokana na ukristo wa kulazimishwa kwa watu wengi na makanisa.

Jueni kwamba katika Sheria ya Milele hakuna kulazimishwa. Mungu, Wamilele, amewapa watoto wake wote uhuru wa kujiamulia. Mtu anayefanya uamuzi wa kumfuata Kristo kwa hiari yake, hupata nguvu za kutumia sifa za Ukristo wa kweli: usawa, uhuru, umoja, undugu na haki. Kila lazimisho hutokana na sheria ya kupanda na kuvuna, iitwayo tena «sheria ya anguko». Mwanadamu anaombwa kuchagua kwa hiari yake njia yake ya kiroho. Mimi, Kristo, ninamuonyesha kila mtu njia inayoelekea kwenye moyo wa Mungu, lakini simlazimishi mtu yeyote kuifuata. Anayemlazimisha jirani yake mwenyewe anaishi chini ya lazimisho ya sheria ya anguko na kwa hivyo anajumuisha mawazo ya anguko.

Madhehebu kadhaa yanayojidai kuwa ya kikristo yanalazimisha wafuasi wao kubatizwa kwa maji. Kupitia tendo hilo, watoto wadogo ambao hawajafikia bado uwezo wa uamzi huru na wa kujiamulia wenyewe,wanalazimishwa kujiunga na Kanisa na kutekeleza kawaida za ibada.

Hayo ni kutoheshimu uhuru wa mtu, yaani ni ukristo wa kulazimishwa. Mbinu kama hizo hutokana na sheria ya maanguko.

Watu wasionikubali Mimi Kristo kwa hiari yao, na wasionikaribisha ndani mwao sana, kwa imani ya ndani sana, kwa ujumla wana shida kubwa katika kuelewa na kukubali Amri Kumi ambazo ni madondoo kutoka kwa Sheria ya Milele. Lakini, badala ya amri hizo kushikwa, hazipewi umuhimu na maabudu mengi ya nje, mashurti ya dini, mila, desturi na ibada. Mambo Hayo ya maabudio ya nje ndiyo yamegeuka kitu cha muhimu cha makanisa. Hata hivyo, hayana uhusiano na Ukristo wa ndani, dini ya kiroho. zinatokana upande mmoja na enzi ya maabudu ya miungu mingi na ya ibada ya sanamu, upande mwingine inasababishwa na hali ya maanguko.

Ni kwa kujitenga tu kwa hiari na mashuruti ya kidini, utaratibu wa maabudio usiobadilika, ibada ya kulazimishwa, na pia kwa kubadili picha tunazojifanyia kuhusu Mungu, ndipo inawezekana kwa mtu kuongozwa kiroho hatua kwa hatua, kwenye utu wake halisi. Ni moyoni mwake ndimo mwanadamu anapata utu wake halisi, utu ndani ya Mungu, unaoishi katika Ufalme wa Mungu, utu uliomo ndani ya kila mtu. Maisha hayo ya kiroho ndiyo dini ya kweli, dini ya kiroho.

Tambueni kwamba, Sheria ya milele na ya ulimwenguni, Sheria ya Mbinguni ambayo inaunganisha kila kitu, haibadiliki. Ni Sheria ya Uwepo safi. Anguko ndio msingi wa sheria ya kupanda na kuvuna. Ni katika kutekeleza Sheria ya milele ndiyo kanuni ya kupanda na kuvuna inaweza kufutika, lakini haiwezi kuepukika. Kanuni ya kupanda na kuvuna hufanya kazi ndani ya nafsi hadi dhambi zitambuliwe, zirekebishwe, zifutwe na zisamehewe na Mimi, Kristo wa Mungu. Hapo ndipo sheria ya anguko inafutwa katika nafsi. Nafsi inawekwa huru kwa sehemu kubwa na dhambi zake na kugeuka tena kiumbe safi ndani ya Mungu, kinachoshika Sheria Kamili, kwa sababu inatamani tena Sheria Kamili ya upendo na uzima unotawala juu ya yote.

Kanuni ya kupanda na kuvuna itaendelea kutenda kazi Muda ambapo yote yaliyo kinyume na Sheria ya Mungu yatabaki bado bila kurekebishwa na kugeuzwa kuwa nguvu chanya na pia wakati viumbe vyote havitaendelea kuishi tena ndani ya Mungu ambamo vilitoka. Hayo yatawezekana kwani viumbe vya Mungu vitakuwa vimeshika tayari njia iongozayo moyoni mwangu, vimetekeleza Sheria kamili, na ndipo mahali pote pa utakaso, na mazingira yote ya nusu-maada na ya kimaada, na hata pia dunia,vitabadilika kuwa nguvu ya ulimwenguni na kuendelea kudumu katika Sheria Kamili. Kwa hiyo, kanuni ya anguko itarekebishwa na upendo wa Mungu ulio hai utatawala ndani chote Kilicho na ndani ya kila kiumbe.

Hakuna nukta moja itakayotolewa toka Sheria ya Milele iliyofundishwa na manabii wa kweli walionitangulia au walionifuata, na ambayo niliishi kama mfano kama Yesu wa Nazareti.

Msemo «*hata herufi moja, wala nukta moja*» humaanisha: hata kipengele kimoja cha ukweli wa milele; haihusu herufi au maneno ya kibinadamu. Usemi wa mwanadamu hutumia maneno yenye maana ya juu na ya ndani. Ni mara tu mtu anapopata uwezo wa kuhisi maana ya ndani katika usemi ndipo anaweza kutambua ukweli na maana ya uzima uliofichwa ndani ya maneno ya usemi wa mwanadamu.

«Sheria ya juu sana» ni hatua iongozayo kwenye Sheria kamilifu. Inafundishwa mahali pa maandalizi iliyo mbele ya malango ya Mbingu kwa viumbe vilivyotakasika sana, viumbe vitokeavyo duniani na kwenye ufalme wa nafsi. Sheria ya juu sana ndiyo ngazi ya mwisho ya mafunzo mbele ya mlango wa Mbingu. Inaonyesha viumbe safi namna ya kuamsha tena katika miili yao ya kiroho mng'ao halisi ili viweze kuutumia katika nchi isiyo na na mwisho.

Kama Yesu wa Nazareti, nilifundisha sehemu za Sheria safi, sheria kamili. Lakini sikuweza kufundisha yote, kwa sababu watu wa zama zangu bado walikuwa wameshikamana sana na ibada ya muingu mingi na imani tofauti za wakati wao. Kwa hiyo, niliwaambia hivi: Muda utakapofika, Mimi, Roho wa kweli, nitawaongoza katika ukweli wote.

Nilisulubishwa na Warumi kwenye Mlima Golgotha – unaomaanisha «mlima wa fuvu» –

kwa sababu watu hawakunitambua na kunikubali kama Masia. Licha ya kuhubiri, kufundisha na kuponya katika bonde lote la Yordani, wakaidi walibaki chini ya viongozi wa mahekalu na kwa sababu hii walijifanya wenyewe kuwajibika kwa pamoja na kifo cha Yesu wa Nazareti, ijapokuwa nilitoa alama zangu nyingi za kimungu.

Maneno yenye karibu maana moja na: «*Yote yamekwisha*», ilipotamkwa, cheche za nuru ya ukombozi zikapenya kwenye nafsi zote zenye dhambi na zile zilizoanguka. Kwa hiyo nikawa na ninabaki bado Mkombozi wa wanadamu wote na wa nafsi zote.

Nilitenda na ninaendelea kutenda hivyo kama Kristo wa Mungu. hadi leo [1989], Nilijidhihirisha kupitia vyombo vya kweli vya Mungu, watu wenye nafsi safi zaidi.

Kati ya mabadiliko makubwa ya nyakati haya ambapo enzi ya nuru inakaribia hima jamii ya wanadamu, ninafundisha vipengele vyote vya Sheria Milele na watu kadhaa wanafuata njia iongozayo kwenye uzima wa kiroho, na upendo wa Mungu.

Wakati niliotangaza kama Yesu wa Nazareti umefika: «*Sasa hamuwezi kuutambua bado – yaani, kuelewa – lakini wakati Roho wa kweli atakapokuja, atawaongoza katika kweli yote.*» Sasa nipo katika Roho miongoni mwa walio wangu, na watu waaminifu wanaosafiri kuelekea Uwepo wa Milele, kwenye dhamiri ya Baba yangu. Ninawafundisha Sheria kamili na ya milele ili wale watakaoishi katika Ufalme wa amani waitimize pia na hivyo kuishi ndani yangu na Mimi ndani mwao.

Maneno yangu ni Uzima, ni Sheria ya Milele. Yatabaki katika mioyo ya wale wanaosafiri kuelekea uzima wa milele, na vilevile katika maandishi mengi, kwa mfano katika kitabu hiki kilichoandikwa kwa ajili ya Ufalme wa amani wa Yesu Kristo.

Tambueni kwamba sheria ya milele pekee ya upendo ndiyo humweka mtu huru, bali si sheria ya kupanda na kuvuna kwa maana inamletea tu mtu mateso, magonjwa, taabu na kudhoofika.

Shika amri – baadaye fundisha

Mtu atakayetenda kinyume na mojawapo ya amri na kuwafundisha pia kuwashawishi watu watende kama yeye atakuwa mdogo kabisa katika Ufalme wa Mbinguni. (Sura ya 25, 9)

Kristo anaeleza, anarekebisha na
anatafsiri neno kwa kina:

Amri Kumi ambazo Mungu aliwapa watoto wake wa kibinadamu kupitia Musa ni dondoo ya Sheria ya Milele ya Uzima na Upendo. Anayezifundisha bila ya kushikamana nazo ni tapeli. Anatenda dhambi dhidi ya Roho Mtakatifu. Ni dhambi kubwa zaidi sana. Mlaghai huyo anatumia upendo wa Mungu, Sheria ya Uzima, kwa faida yake mwenyewe. Kwa kufanya hivyo, anaitumia vibaya Sheria ya Milele. Ulaghai wote ni wizi; na kila mwizi ni mtu anayetafutwa na kuwindwa ambaye punde si punde atanaswa na kushtakiwa na matendo na hata pia sababu zake mwenyewe. Kwa maana Mungu ni mwenye haki; kupitia yeye kila jambo linawekwa bayana, liwe nzuri au mbaya.

Kwa upande mwingine, mtu anayeheshimu Sheria ya Upendo na Uzima, yaani, anayezitimiza katika maisha yake ya kila siku, na kufundisha yale ambayo yeye mwenyewe ameweka katika vitendo, ni mwalimu wa kweli wa kiroho. Anawalisha kwa mkate wa Mbinguni na kushibisha idadi kubwa ya watu. Mtu anayetoa kutokana na mafanikio yake anajazwa na nguvu na hekima ya Mungu; muda muafaka ukifika, atang'aa kama nyota ya angani. Kwa maana mtu aliyejazwa na nguvu za Mungu huchota kwenye mkondo wa wokovu na huwatolea walio na njaa na kiu ya haki bila kulenga faida.

Eleweni kwamba ni kupitia watu kama hao, waume na wake wenye haki ndiyo Sheria ya Milele ya Upendo na Uzima inakuja katika ulimwengu huu. Kwa hiyo mtu anayetekeleza na kufundisha Sheria ya Milele ataitwa mkubwa katika ufalme wa Mungu; hayo yanamaanisha kwamba atapata thawabu kubwa Mbinguni.

Hakika, wanaoamini na kutii wataiokoa nafsi yao, na wanaoasi wataipoteza. Kwa maana nawaambieni, ikiwa haki yenu si kubwa kuliko ile ya walimu wa sheria na mafarisayo, hamtaingia katika Ufalme wa Mbinguni. (Sura ya 25, 10)

Kristo anaeleza, anarekebisha na anaftafsiri neon kwa kina:

Sentensi «... *wale wanaoamini na kutii wataiokoa nafsi yao, na wale wasiotii wataipoteza*» inamaanisha kwamba mtu anayeamini Amri za Mungu na kuzifuata ataiokoa nafsi yake toka marudio ya tendo la kuzaliwa upya duniani, tendo la nafsi kuvutiwa na kuvikwa mwili mpya hadi muda atakaporekebisha uovu wote uliosababisha marudio ya maisha ya duniani.

Tambueni kwamba haitoshi tu kuamini Sheria ya Uzima. Kuamini Uzima peke yake na utekelezaji wa Sheria ya Uzima ndio unamsaidia mwanadamu na nafsi yake kuepuka kuzaliwa katika mwili mpya mara nyingi.

Kuvunja Sheria za Mungu ni kumsaliti na kuuzia giza nafsi yako. Mtu kama huyo hufunika na kuzima nuru ya nafsi yake, uzima wake wa kweli. Hivyo anaishi katika dhambi na kuitumbukiza nafsi yake katika usingizi wa dunia. Kanuni ya umwilisho inayosababisha nafsi kuzaliwa tena katika mwili mpya, itaendelea kufanya kazi kwa muda fulani ili kuruhusu nafsi zilizozaliwa upya kutambua kwamba si za dunia hii, kwamba zipo tu katika mwili zilizovikwa ili ziache hali zao za kidunia na kuokoa hali ya kimungu, uzima halisi na wa milele ulio ndani mwao.

Watu wanaoelewa maandiko hawayatafsiri kwa maana ya juu juu, wengine pia wanafanya hivyo kulingana na roho. Eleweni pia kwamba hamtaingia katika Ufalme wa Mbinguni ikiwa haki yenu si kubwa kuliko ile ya wataalamu wengi wa sheria wanaojidai kuwa wenye haki na wanaofundisha Sheria yangu bila wao wenyewe kuyashika.

Kwa hiyo usifungamane na maoni na dhana za wanadamu. Timiza vipengele vya Sheria ya Uzima ambavyo umevifahamu; basi hivyo ndivyo utatambua ni hatua gani zakufuata kwa kuelekea kwenye Sheria za juu sana.

Jueni kwamba, upendo na hekima ya Mungu ndiyo haki yake. Mtu asiyeweza kuvikuza ndani mwake havidhihirishi. Wala hana uwezo wa kuona ndani sana ya Uwepo wa Milele na kugundua maisha yake ya kweli. Anataabika na anaikosa maisha yake halisi. Duniani kama vile ahera, yeye ni mfu wa kiroho. Anakosa mtazamo sahihi, iwe katika kuwepo hapa duniani au ahera, kwa sababu hajaishi kwa mujibu wa Sheria ya Uzima. Hana hekima na anafundisha tu ujuzi aliojikusanyia. Kwa njia hii anakuwa mtumwa wa dhambi na hatimaye mtenda dhambi. Anatenda kinyume na Sheria ya Milele na hivyo kuzama zaidi na zaidi katika sheria ya kupanda na kuvuna.

Jipatanishe na jirani yako

Kwa hiyo, unapotoa sadaka yako madhabahuni, na ukikukumbuka ya kuwa ndugu yako ana kero dhidi yako, basi iache sadaka yako mbele ya madhabahu, nenda kwanza kwa ndugu yako, ujipatanishe naye, baadaye rudi kuitoa sadaka yako. (Sura ya 25.11)

Kristo anaeleza, anarekebisha na
anatafsiri neno kwa kina:

Ukitafuta kunitolea maisha yako, na kuacha makosa na dhambi zako, na ukitambua kwamba ungali na mgogoro na jirani yako, weka kwanza dhambi zako chini ya madhabahu ya kiroho, muendee jirani yako ili ujipatanishe naye. Na ikiwa upo tayari kutorudilia tena mambo iliyokushawishi kutenda dhambi hiyo au tendo kama na hilo, basi weka dhambi zako juu ya madhabahu. Madhabahu imo ndani mwako, katika hekalu lako la nyama na mifupa. Basi

Roho wa upendo na Uzima atabadili dhambi kuwa nguvu na Uzima, kwani utasamehewa chote unachonikabidhi kwa hali huru, bila shuruti na kwa moyo mkunjufu, na ambacho hurudilii tena. Nafsi yako itapokea nuru zaidi kutoka Kwangu.

Ninakusihi pia ufikirie kipengele hiki kingine cha Sheria ya Mungu: Ikiwa umemtendea mwenzio dhambi tu kwa mawazo au kwa hisia, kupitia mawazo inayojaa ukatili,uadui, kisasi, wivu, si vema kumueleza hayo. Mwenzako hajui fikra zako na ukimfunulia fikra hizo, ataanza naye kuifikiria. Ila njooni tu kwangu, Kristo niliye ndani mwako, tubu fikra zako mbovu muda huo huo elekeza upande wa nafsi ya jirani yako fikra nzuri na zisizo na ubinafsi, elekeza mawazo ya kuomba msamaha na ya muungano wa kiroho. Kwa hiyo nitaharibu chanzo cha fikra mbovu hizo. Na ikiwa tangu sasa hutendi dhambi hiyo tena, tayari umesamehewa.

Tambueni kwamba unapomuambia jirani mawazo yako mabaya, unaweza kushawishi ndani mwake hali za kiutu zilizo katika mchakato wa mabadiliko. Hali hizo zaweza kuchochewa tena na mtu atarudilia utendaji wa awali wa kusema vibaya tena na kutenda dhambi.

Kwa mujibu wa Sheria ya Mungu, mtu aliyechochewa kwa kuwaza tena vibaya kutokana na tabia yako mbaya, si yeye pekee wa kushtakiwa. Mnajihukumu wenyewe ninyi mlioeleza mawazo yenu na hivyo kuchochea kwa jirani yenu mambo ya kidunia ambayo yalikuwa katika mchakato wa mabadiliko.

Lakini ni lazima kuenda kumuomba msamaha jirani yako ikiwa unasema maneno kinyume na Sheria kwa kutoa shutuma, matusi au maneno mabaya dhidi yake, hata kama amepewa taarifa hii na mtu mwengine. Akikusamehe, Baba wa mbinguni na wa milele ndani yangu, Kristo tayari naye amekusamehe. Lakini jirani yako akikataa kukusamehe, Baba wa mbinguni na wa milele ndani yangu, Kristo, hataweza kamwe kukusamehe. Hata hivyo, upendo wa Mungu Baba-Mama utagusa sana moyo wake mgumu ili abadili msimamo wake mkali upesi sana na kukusamehe, ili tena kwamba Mungu ndani mwangu, Kristo, pia aweze kukusamehe na ili hatimaye kwamba yote yaliyotendeka kinyume na Sheria siku zilizopita yafutwe na kurekebishwa.

Kwa hivyo, jihadharini na ulimi wenu! Kwa maana mambo yaliyo kinyume na Sheria ya Mungu yatokayo vinywani mwenu yanaweza Kuwadhuru nyinyi na majirani wenu kupita fikra mlizotambua na mlizonikabidhi Mimi ndani mwenu kabla matokeo yao yajidhihirishe.

Ukweli mwingine toka Sheria ni huu: mawazo yapo hata kama huyaoni au huyasikii. Yanatetema katika atmosfia na yanaweza kuathiri watu walio na mawazo kama na hayo. Ukinitolea fikra hizo kwa wakati, yatafutwa, isipokuwa tu wakati nafsi ya jirani yako tayari itakuwa imezirekodi ndani mwake. Hapo, utalazimishwa kumtendea mema mtu ambaye umefikiria vibaya dhidi yake. Ukitenda hivyo bila kulenga faida, bila kuwa na mawazo mabaya uliyokuwa nayo, basi fikra mbovu zilizorekodiwa nafsini mwa mwenzio zitafutwa. Hivyo hivyo pia fikra mbovu hizo ulizoelekeza upande wa nafsi ya mwenzio zitafutika ndani mwako.

Samehe na uombe msamaha

Jipatanishe haraka iwezekanavyo na adui yako, wakati njia zenu bado zinakutana duniani, ili adui yako asikukabidhi kwa hakimu na huyo naye asikutoe kwa mnyongaji ambapo utajitoa tu baada ya kulipa senti ya mwisho. (Sura ya 25, 12)

Kristo anaeleza, anarekebisha na anatafsiri neno kwa kina:

«Jipatanishe na adui yako haraka iwezekanavyo, wakati njia zenu bado zinakutana» inamaanisha: Usingoje kurekebisha kile ulichomfanyia jirani yako! Fanya hivyo haraka iwezekanavyo akiwa bado hai duniani, kwa sababu nafsi yake ikitoka duniani, utalazimika kusubiri muda mrefu kabla ya kukutana naye tena ili kumwomba msamaha.

Eleweni kuwa hakimu anayetajwa hapa ni sheria ya kupanda na kuvuna. Inapotenda kazi, huna chaguo lingine isipokuwa kulipa deni lako tu hadi «senti ya mwisho», yaani mpaka yote uliyosababisha na ambayo hukutubu kwa wakati yalipishwe.

Ndio maana tumia bahati uliyopewa kwa kuomba msamaha au kumsamehe jirani yako, muda ambapo mungali bado hai duniani na wakati dhambi hiyo bado haijachorwa nafsini mwako na kugeuka kuwa sababu. Mtu asiyesamehe na asiyeomba msamaha atalazimika kukubali matokeo ya dhambi zake, hadi muda «atakapolipa senti ya mwisho».

Kwa hivyo, jipatanishe haraka iwezekanavyo na majirani zako. Ikiwa sababu kama vile mabishano, husuda au wivu, tayari zimechukua mizizi nafsini mwako na mwa jirani yako unayemchukia, basi inawezekana jirani yako asikusamehe hivi karibuni, hata kama umekubali sehemu yako ya uajibikaji katika uovu na kutubu. Hakika, yawezekana makosa mengi yachochewe nguvu nafsini mwa mwenzio kutokana na Mawazo maovu kama na yako uliyozusha ndani mwake. Kwa sababu ya mwenendo wa dhambi ambao ulikuwa nao kwa muda mrefu dhidi yake naye pia ana chuki nafsini mwake dhidi yako, na hivyo anajenga uwanja wa nguvu mbovu, makosa mengi ambayo kila mmoja wenu itambidi airekebishe. Uwezekano wa kurekebisha makosa hayo unaweza kutolewa kwako katika umwilisho huu, katika enzi ya nafsi aidha katika umwilisho ujao.

Jueni kwamba, kabla ya balaa kumpata mtu, anaonywa na Roho wa Uzima, aliye pia Uzima wa nafsi, na vilevile na malaika mlinzi wake au majirani wake. Maonyo yanayotoka kwa Roho ni hisia nzuri sana ambazo hutiririka toka nafsi au zinazowasilishwa na malaika mlinzi kwenye hisia au fikra zake. Hisia hizo humhimiza abadili namna yake ya kufikiri au kurekebisha madhara ya matendo yake. Roho wa Milele na wa Uzima vile vile pia malaika mlinzi wanaweza kuwahamasisha watu wamuendee mtu aliye karibu ya kupatwa na balaa. Kwa hiyo wataanza kuzungumzia kuhusu chanzo cha balaa iliyo karibu ya kumshambulia na ambayo anaweza kutambua na kurekebisha.

Jinsi unavyoweza kuyatambua, nuru ya milele Inakutolea wewe na pia mtu mliyeungwa naye kwenye sababu moja tahadhari na miongozo kwa njia nyingi.

Matukio ya siku yanakutolea pia taarifa inayokuonya kwa wakati kabla madhara ya sababu zako yakushambulie kama pigo la maisha.

Yule anayeipa uzito maonyo hayo anayerekebisha kosa au dhambi aliyoitambua, kwa kuomba toba, kwa kusamehe, na kwa kutengeneza, halazimiki tena kustahimili matokeo ya uovu aliousababisha. Ikiwa ni dhambi nzito, inawezekana mtu huyo akabiliane tu na sehemu ya matokeo ya sababu ya uovu wake, bali si madhara yote yaliyotaka kutoka nafsini. Ila, mtu asiyetii, maonyo, asiyeyaona wala kuyasikia kwa sababu amelewa na mambo ya kiutu, atamlazika kustahimili hukumu wa uovu aliousababisha mwenyewe,hadi *«senti ya mwisho»*.

Wapende maadui zako

Mmesikia wanasema kwamba: penda jirani yako na mchukie adui yako. Lakini Mimi nawaambieni ninyi mnaosikia: Wapendeni adui zenu, watendeeni mema wale wanaowachukia. (Sura ya 25, 13)

Kristo anaeleza, anarekebisha na anatafsiri neno kwa kina:

Amri ya Uzima inasema: «*Wapendeni adui zenu, watendeeni mema wale wanaowachukia.*»

Kila mtu angepashwa kuchukua jirani zake kama ndugu au dada. Ungepashwa pia kuwachukua kama majirani zako wale wanaoonekana kuwa «adui» zako, na kuwapenda bila kulenga faida.

Mtu unayemchukua kama adui anaweza kuwa kwako kioo kizuri, kinachokuwezesha kujitambua wewe mwenyewe. Ni mamoja unapokasirishwa na tabia ya uadui ya mwenzio ambayo inaweza kuwa na maana tofauti; kwa kweli, ikiwa kitu kinakukera kuhusu jirani yako, ni kwa sababu ndani mwako mna hali mbovu ileile kama na yake au hali inayoifanana.

Lakini, ikiwa hakika huhisi kasirani, na kwa urahisi unaweza kumsamehe yule anayekuhukumu na kukushtaki, ni kwa sababu huna ndani mwako hali mbovu kama na yake; ndani mwako hamna hali hiyo au hali za kuifanana na kwa hiyo hazijidokezi nafsini mwako. Inawezekana kwamba katika maisha ya awali, tayari umekwisha rekebisha au umekwisha lipa kile ulichoshutumiwa au hata ambacho hujawahi kukisajili nafsini mwako. Hayo yanamaanisha kwamba hali hiyo ilikuwa tu nafsini mwa yule aliyetoa mawazo na maneno ya shutuma dhidi yako. Ikiwa hakuna msukosuko wowote unaoibuka ndani mwako, na ikiwa hakuna mwangwi kutoka nafsi mwako, ni dalili kwamba ulikuwa tu kioo cha mtu huyo. Atazame kwenye kioo hicho au la ili auone utu wake wa kibinadamu, huna haja ya kuwa na wasiwasi kuhusu hilo, hayo yanahusu Mungu na mtu huyo aliye, mwanae.

Tendo la kukuona tu ndilo liligusa dhamiri yake na likamwonyesha, kwa mfano, kwamba wakati fulani alikuwa na mawazo na alisema maneno mabaya dhidi yako. Sasa ana uwezo wa kuyarekebisha. Akiyatubia na kutorudilia tena mawazo au vitendo hivyo, basi hali mbovu hizo zinafutwa, yaani kubadilishwa nafsini mwake. Hapo ndipo atakapokuona kwa macho ya nuru ya kiroho. Ukarimu na kuelewa jirani ni alama inayoonyesha kwamba katika nafsi hali mbaya imebadilishwa na kugeuka kuwa chanya.

Wabariki wale wanaowalaani

Wabarikieni wale wanaowalaani, na wa-ombeeni wanaowadhulumu. Hivyo mta-kuwa wana wa Baba yenu aliye Mbinguni anaye ruhusu jua imulikie uovu na wema na ambaye anawanyeshea mvua wenye haki na wasio na haki. (Sura ya 25, 14)

Kristo anaeleza, anarekebisha na anatafsiri neno kwa kina:

Mtu anayezishika amri hizi ni mwadilifu kwa jirani zake. Na kwa sababu anaishi ndani ya Mungu, atawaongoza watu wengi pia kui-shi ndani ya Mungu. Mungu hawaadhibu au kuwahukumu wanae. Maneno yafuatayo tayari ni thibitisho ya ukweli huo: «... *anayeruhusu jua kumulikia uovu na wema na ambaye anawanye-shea mvua wenye haki na wasio na haki.*»

Mungu ndiye mtoaji wa Uzima kwa sababu Yeye Mwenyewe ni Uzima. Kutokana na Sheria ya Milele ya Uzima, Mungu aliwapa wanadamu uamzi huru wa kumchagua au la. Yeyote aliye upande wake anashika Sheria ya Milele ya Upendo na Uzima na atapokea pia zawadi za Upendo na Uzima toka Sheria ya Milele. Anayehisi, kuwaza na kutenda kinyume na Sheria ya Milele hupokea kile alichopanda, yaani, kuhisi, kufikiria, kusema na kutenda kwake.

Kila mtu hupokea kile alichokipanda. Apandaye mbegu nzuri, yaani, anayezitimiza Amri za Mungu, atavuna matunda mazuri pia. Anayepanda mbegu za kibinadamu katika shamba la nafsi yake, kupitia hisia, hisi, mawazo, maneno na matendo atavuna pia matunda.

Kama unavyoona, Mungu haingilii kati utashi wa mwanadamu. Yeye ndiye mtoaji, msaidizi, mhimizaji, kiongozi na anayewalinda wote wanaotafuta kutimiza mapenzi yake kwa kumgeukia. Mtu anayejitenga na Mungu kwa kuunda «sheria yake binafsi ya kibinadamu» ataongozwa pia na sharia hiyo. Mungu haingilii kati sheria ya kupanda na kuvuna. Mungu anawaita wanae kwa njia tofauti.

Wale wanaomwomba kwa moyo wote na kutimiza amri ambayo Mimi, Kristo ndani ya Mungu, Babangu, nimewatolea – ya upendo usiolenga faida – hao wamo ndani ya Mungu na Mungu anatenda kazi kupitia wao.

Mkubali jirani yako kwa moyo wako wote

Je, sifa yako ni hipi unapowapenda tu wale wanaokupenda? Kwa maana wapagani pia wanapenda wale wanaowapenda. Na mkiwafanyia wema wale wanaowatendea wema, mtapata faida gani? Watenda maovu pia hufanya hivyo hivyo. Na ikiwa mnawasalimu walio wenu tu, mnafanya nini ya ziada kupita hao wengine? Je, watoza ushuru hawafanyi hivyo hivyo? (Sura ya 25, 15)

Kristo anaeleza, anarekebisha na
anatafsiri neno kwa kina:

Mkubali jirani yako na umkaribishe moyoni mwako, hata kama yeye hakupendi, hakusaidii na anakudharau kwa kukataa kukusalimu. Wewe, mpende! Wewe, msaidie kwa kujitolea na msalimu, hata katika mawazo, ikiwa hataki wewe umsalimu kwa maneno. Salamu ya moyoni hupenya nafsi ya mtu huyo na kutoa matunda mema kwa wakati muafaka hata kama salamu hiyo imetolewa katika mawazo.

Kwa hiyo jifanye kama jua linalotoa bila kujali ikiwa watu wanataka kuliona au la, kama wanataka mvua au tufani, ikiwa wanatamani baridi au joto. Toeni upendo usiolenga faida, jinsi jua linatoa kwa dunia, na heshimu kila mtu na aina zote za viumbe. Utapokea thawabu Mbinguni. Usiwadanganye jirani zako. Usibague kama wafanyavyo watu wanaoshirikiana na wanaokubali tu watu wanaoshiriki mawazo na tabia zao na kulaani wale wanaofikiri na kutenda tofauti na wao.

Usitegemee watu au vitu

Ikiwa unatamani kitu ambacho kwako ni cha thamani ya kiwango kimoja na maisha yako lakini kinakutenga na ukweli, basi kihepuke, kwani ni bora kuingia katika Uzima na kumiliki ukweli kuliko kuupoteza na kutupwa katika giza ya ulimwengu wa nje. (Sura ya 25, 16)

Kristo anaeleza, anarekebisha na anatafsiri neno kwa kina:

Chote ambacho mtu anakitamani sana kwa manufaa yake binafsi ni cha asili ya kibinadamu, inayohusiana na utu wake duni. Hayo yote ni minyororo. Ni kung'ang'ania watu na mali. Mtu anayetegemea watu na vitu, yaani, mtu anayejifanya mtumwa wa kitu fulani, hupunguza mtiririko wa nguvu za ulimwengu.

Ikiwa unamfunga mtu kwako mwenyewe kwa lengo ya kupata faida kutoka kwake, basi unafuata kwa mapenzi yako mwenyewe masilahi ambayo yanakupeleka mbali na uzima ndani Yangu, Kristo. Unajitenga na uzima usiolenga faida na usio na ubinafsi, unanaswa na hamu ya kumiliki, ya kuwa, na kuwa na kitu, unajiletea umaskini wa kiroho, uzima wako wa kiroho unapunguka. Usipojitenga mapema na nia ya kumiliki, ya kuwa na ya kuwa na kitu, siku moja utapoteza vitu vyote.

Utatembea katika giza kama nafsi au kama mwanadamu usipojitazama kwenye kioo cha madhara yanayokuathiri – kwa mfano, kupoteza mali, ugonjwa, taabu au mateso – na kwamba hufuati njia ya toba na kurekebisha makosa yako, kwa sababu utakuwa umejifikiria tu wewe mwenyewe na raha yako binafsi.

Kwa hiyo, tumia fursa ya kila siku kwa kutambua asili yako ya kiutu na kutimiza Amri za Mungu; na acha kutamani kitu kwa ajili ya ubinafsi wako wa kiutu. Dumu katika ukweli – na katika Amri za Mungu. Utaingia hivyo katika Uzima ambao ni uwepo wako wa kweli; na utakuwa tajiri wa kiroho kwa sababu utakuwa umefungua Mbingu ndani mwako.

Ukweli, usio wa ubinafsi, hauwezi kumiminika ndani ya mtu ambaye bado hajageuka kuwa kipokezi cha ukweli. Mtu huyo anajifikiria na anajikusanyia tu yeye mwenyewe. Kupitia mwenendo huu, mtu huyu anajitenga na nguvu ya Mungu inayotiririka milele na anaishi maisha «potovu». Nguvu hasi tu ndizo zinamiminika ndani ya ziwa la matope na ni nguvu ndogo tu ndizo hutoka humo. Hayo yana maana kwamba mtu wa aina hiyo atakabiliana na matokeo ya mambo aliyoyakusanya ndani ya ziwa lake la matope.

Kinyume na hayo, ukweli wa milele unaweza kutiririka ndani na kupitia mtu ambaye amegeuka kipokezi cha ukweli. Anapokea kutoka kwa Mungu na anatoa kutoka kwa Mungu. Hivyo anageuka chanzo cha Uzima kwa watu wengi. Nguvu ya uzima wa ulimwengu, chanzo cha uwepo wote, inatiririka katika aina zote za viumbe na katika watu na nafsi zilizomgeukia Mungu, ambao wamegeuka vipokezi vya Mungu.

Tambueni kwamba nguvu inayotiririka milele inatiririka tu kupitia watu na nafsi ambazo hazikusanyi kwa ubinafsi bali zinatoa bila kulenga faida. Mkondo wa Mungu unatiririka tu bila kikomo kupitia mtoaji asiyelenga maslahi! Ikiwa Mungu anaweza kutiririka bila kuzuiliwa kupitia mtu, inamaanisha kwamba mtu huyo anaishi katika Ukweli, ndani ya Mungu, Uzima wa Milele. Watu kama hao tu ndio wanatoa Uzima kutoka Kwangu, kwa sababu wamejikita ndani yangu, Mimi niliye Uzima na Ukweli.

Geuka mkamilifu kama alivyo Baba yako wa Mbinguni

Na ikiwa unahitaji sana kitu kinachoweza kuwasababishia mateso na wasiwasi majirani zako,hebu! kiondoe moyoni mwako. Hapo ndipo utapata amani. Kwa sababu ni afadhali kwenu kuhuzunika kuliko kuwahuzunisha walio dhaifu kuliko ninyi.

Kwa hiyo muwe wakamilifu, kama Baba yenu wa Mbinguni alivyo mkamilifu. (Sura ya 25, 17-18)

Kristo anaeleza, anarekebisha na antafsiri neno kwa kina:

Kila kitu kitokacho kwako na kisicho cha kimungu - kwa mfano mawazo, maneno na matendo mabaya - sio tu chanzo cha mateso na shida kwa jirani yako, lakini pia kwako wewe mwenyewe, kwa sababu kile mtu apandacho, ndicho atakachokivuna.

Mavuno yanalingana daima na upandaji. Mavuno huvunwa na mtu aliyepanda na si mtu mwingine. Jirani yako hakupanda mbegu zako, hivyo hatavuna mavuno yako.

Lakini mbegu zako, huenda zimezaruka, kama zile za maua fulani ambayo mbegu zao hupeperushwa na upepo baada ya kuchanua na kumea mahali zilipoangukia. Hivyo, mawazo, maneno na matendo yako, kama mbegu zinazoruka, zinaweza kuanguka kwenye uwanja wa nafsi ya jirani yako na kukua hapo zikipata rutuba na mazingira sawa na yako.

Jirani yako akikasirika kwa sababu ya maneno au matendo yako, na kumfanya kuwa mtu wa wasiwasi na mwenyi kuchochewa na hali mbaya hizo zinazopeperushwa na kusambazwa, ataanza kufikiri, kuzungumza na kutenda kama wewe, yanamaanisha kwamba mtu huyo anakuwa tayari na hali sawa zile zako. Hata hivyo, ni wewe ndicho chanzo cha matendo yake, unaweza kuwa muajibikaji katika kanuni ya kupanda na kuvuna. Umeamriwa kumpenda jirani yako bila kulenga maslahi, kumtumikia, kumsaidia na siyo kumtatiza na kumzidishia shida na wasiwasi kupitia mwenendo wako.

Iwapo jirani yako anajitwika dhambi kwa sababu uliingia, kwa njia isiyo halali, kwenye uwanja wa nafsi yake na kuanzisha sababu ambazo itamlazimu kuteseka baadaye na ambazo atalazimika kubeba, basi wewe umeshikamana naye. Upande wake, akijibu kwa namna isio halali kwa mwenendo wako, yeye pia ameshikamana nawe. Katika uzima huu au mwingine, itabidi urekebishe mwenendo huo.

Tambueni kwamba mbegu ndogo ya ubinafsi inaweza kuzalisha sababu kubwa ambazo tayari zina matokeo ndani mwake.

Pia, eleweni kwamba kila sababu lazima irekebishwe!

Basi wewe mwenyewe ndiye unajitwika dhambi na wewe utashikamana na jirani yako lakini yeye hatashikamana na wewe ukitoa dhidi yake mawazo, maneno na matendo mabaya ambayo ni kama mbegu zinazoruka, na akazitambua bila kujibu ku mwenendo wako mbaya, kwa sababu yeye hana hali inayolingana na uwanja wa nafsi yake. Kwa hiyo anaweza kuingia Mbinguni kwa sababu mawazo na maneno yake ni tofauti na yako, hakunaswa na hali zako mbovu. Kwa upande mwingine, ikiwa kwa hali yako mbaya, unaamsha ndani ya jirani yako sababu ambazo hazikupashwa kamwe kuwa na matokeo na ambazo baadaye angeweza kuzirekebisha bila shida, kwa hiyo ni wewe ndiye unayebeba sehemu kubwa ya kosa na itakubidi uwajibike kwa sehemu na uovu wa jirani yako.

Kwa hiyo, usiwashutumu wengine kuwa waajibikaji wa mateso na shida inayokupata. Ni wewe ndiye unawajibika, bali si wao. Mateso na shida zako ni matokeo ya mambo uliyoyapanda katika nafsi yako na ambayo sasa yanadhihirika kama mavuno katika mwili wako na katika maisha yako.

Mimi, Kristo, Mkombozi wako, ndiye peke yangu ninayeweza kukuokoa toka mateso na shida zile, ikiwa unatubu na ikiwa hurudilii tena jambo lile au jambo fulani linalofanana na hilo. Kwa hiyo dhambi zitaondolewa kwenye nafsi yako na utajihisi vizuri.

Jueni kwamba, mtu anayetambua kuwa mateso na shida zake ni mbegu alizopanda mwenyewe na ambaye anakubali mateso yake, ni mtu anayejionyesha kama amekua kiroho kwa kweli. Ni alama ya ukuaji wa kiroho. Ukuaji wa kiroho unaongoza hatua kwa hatua kwenye ukamilifu.

Kiumbe safi cha kiroho ni kikamilifu; ni mfano wa Mungu Baba-Mama. Kiumbe safi hicho kinaishi ndani ya Mungu na Mungu anaishi kupitia yeye, kiumbe safi.

Heri wenye moyo safi; maana watamuona Mungu kwa sababu wamegeuka mfano wa Baba wa mbinguni. Upole na unyenyekevu hutiririka toka moyo safi unaojitoa kwa Mungu.

Fuateni Njia ya kiroho

Fuata Njia ya kiroho uwe mwangalifu, usitoe sadaka mbele ya watu kwa lengo la kutaka wakuone. Kama sivyo hutapewa thawabu na Baba yako wa Mbinguni. Unapotoa sadaka, usipige kelele kama wafanyavyo wanafiki katika nyumba za ibada na barabarani ili waonekane na watu. Kwa kweli, nawaambieni, wamekwisha kupata malipo yao.

Unapotoa sadaka, usiruhusu mkono wako wa kushoto ujue nini mkono wako wa kulia unafanya, ili zawadi yako ibaki siri. Na anayeona yaliyofichwa atakutolea shukurani zake mbele ya watu wote. (Sura ya 26, 1-2)

Kristo anaeleza, anarekebisha na anatafsiri neno kwa kina:

Mafundisho ya Mlimani ndiyo Njia ya kiroho inayoelekea kwenye moyo wa Mungu. Jambo ambalo mtu hulitenda kwa kulenga faida, anajifanyia yeye mwenyewe tu. Kutokulenga faida ni upendo wa kimungu. Ubinafsi ni upendo wa kibinadamu. Anayemfanyia jirani yake wema ili tu jirani yake amshukuru na kumsifu kwa wema wake, hamfanyii jirani yake bali anajifanyia yeye mwenyewe. Shukurani na sifa ndiyo malipo yake. Hivyo, tayari amepata thawabu yake na hatapokea tena vitu vingine toka kwa Mungu. Kutenda mema bila kuchunga faida ndiko kunalipwa na Mungu. Kutokuwa na ubinafsi hukua tu na kukomaa ndani ya mtu aliyepiga hatua za kwanza kuelekea Ufalme wa ndani, yaani, mtu aliyeanza kushika Sheria ya Mungu.

Hatua za kwanza katika mwelekeo huo ni udhibiti wa fikra: Badala ya fikra za ubinafsi, fikra mbaya, za giza au za ujeuri, uwe na fikra chanya,fikra za kusaidia, za furaha na fikra bora zinazolenga chote ambacho ni chema kwa kila mtu na kwa kila kitu kinachokujia. Hivyo hatua kwa hatua, utafikia kukagua vema hisi zako. Hutahitaji tena kitu chochote kutoka kwa jirani yako na hutakuwa tena katika hali ya kutarajia kitu kwake. Katika Njia ya kiroho, utaeleza tu mambo mazuri na ya muhimu. Kupitia hayo, utadhibiti ubinafsi wako wa kibinadamu, kwa sababu utakuwa umejifunza kupumzika ndani mwako mwenyewe. Nafsi yako itaendelea kung'aa sana, utapata faida katika kila kitu kinachokujia na pia utaweza kukizungumzia kwa haki. Ikiwa umejifunza hayo, itawezekana kwako kwa namna halali kumfanya jirani yako awe mwangalifu kwa jambo lote mbovu, yaani mwangalifu katika utekelezaji wa Amri za Mungu. Kwa namna hiyo, uaminifu na uadilifu vitakutawala na utabaki mwaminifu kwa Mungu katika hali yote.

Kazi hiyo ya mageuzi ya kiroho iliyo na shabaha ambayo ni upendo usiolenga faida ni Njia ya kiroho inayofikisha mtu kwenye moyo wa Mungu. Kila kitu unachofanya bila kuchunga faida kitakuletea matunda mengi.

Ikiwa hisi zako hazina matarajio na mawazo yako yakiwa bora na mazuri, nguvu kutoka kwa Mungu itakuwa katika maneno na matendo yako. Uwezo huo ni nguvu Yangu ya uzima. Inaingia nafsini mwa jirani yako na inasaidia kumfanya naye asiwe na ubinafsi. Kwa sababu kile kinachotoka nafsini mwako mlimo nuru muda wote ule kitapenya nafsini na moyoni mwa jirani yako, muda ambapo upo tayari kukipokea.

Mtu anayetoa bila kulenga faida hajali kama jirani yake ameyatambua utoaji wake. Mtu asiyelenga faida anatoa! Anajua kwamba Mungu, Baba wa Milele, huona ndani ya mioyo ya wanae wote na kwamba wakati mwafaka, wa Milele, ambaye Roho wake hukaa ndani ya kila mmoja, atamlipa mtu yule asiyechunga faida. Kutolenga faida tu ndio muhimu.

Tambueni kwamba, matendo yote mema, yaani matendo isiyolenga faida, yatajidhihirisha kwa muda mwafaka ili yaweze kuonekana na watu wote wanapashwa kuyajua kusudi hawa nao wageuke pia watu wanaotoa bila kutegemea faida kwa kukubali nao pia Uzima ndani Mwangu, kwa kutegemea uzima huo katika kutenda yale niliyowaagiza: kupendana kati yao bila kulenga faida kama jinsi Mimi, Kristo, Ninavyowapenda.

Jifunze kuomba vema

Na wakati unapoomba, usiwe kama wanafiki wanaopendelea kusali mahali pa maabudio na kando ya njia kwa ajili ya kuonekana na watu. Kwa kweli, ninawaambia, tayari wamekwisha kupata mshahara wao.

Wakati unapoomba, ingia chumbani mwako, na baada ya kufunga mlango wa chumba, omba Baba yako wa mbinguni asiyeonekana. Na Mmoja yule asiyeonekana anayeona gizani atakuonyesha shukrani yake mbele ya wote. (Sura ya 26, 3-4)

Kristo anaeleza, anarekebisha na
anatafsiri neno kwa kina:

Wakati unapoomba, nenda faraghani katika chumba chenye ukimya na elekeza makini yote ndani mwako, kwa kuwa Roho wa Baba, ambaye wewe ndiye hekalu lake, hukaa ndani mwako.

Ikiwa unaomba tu kwa lengo la kuonekana na watu na kwa ajili ya kuwaonyesha kwamba wewe ni mwadilifu na muumini, ninakueleza, huo si uadilifu lakini hila ya kidini na unafiki. Sala kama hizo hazina nguvu. Mtu anayeomba kwa midomo tu ili aonekane na wengine ni mtenda dhambi dhidi ya Roho Mtakatifu kwani anatumia maneno matakatifu kwa maslahi yake binafsi.

Tambua kwamba ukimtolea Mungu sala zako bila kutekeleza maneno unayosema ndani ya sala zako maishani mwako, ikiwa maombi yako inatokana na utu wako wa kibinadamu, ikiwa haitokee nafsini mwako na haichochewi na upendo wa Mungu, unakosea Roho Mtakatifu. Hiyo ni dhambi kubwa mno.

Ikiwa sala zako hazitiririki toka moyoni mwako na zikitegemea faida fulani, ingelikuwa heri, badala ya kuomba, kutambua fikra na tamaa zako za kiutu kwa ajili ya kuzitoa Kwangu moja kwa moja. Kwa namna hiyo, upendo usiolenga faida ulio ndani mwako unakua na unafikia pia kuomba toka moyo wako. Sala zako zinapata nguvu na kujaa upendo wa Mungu na wa jirani.

«... *Na Mmoja yule asiyeonekana na anayeona gizani atakuonyesha shukrani yake mbele ya wote*» inamaanisha kwamba: siku moja au nyingine,fikra zako zinazojaa nuru na sala zako zinazojaa nguvu, na kujaa upendo wa Mungu, zitazaa matunda yao katika dunia hii. Utatambua ndani mwao mbegu za upendo wako na wengi watakutambua pia kama chemchem ya upendo.

Mnapoomba pamoja, msirudilie maneno yaleyale yasiyo na maana kama wafanyavyo wapagani wanaodhani kwamba watasikika tu ikiwa wanatumia maneno mengi. Ndiyo sababu, msifanye kama wao, kwani Baba yako wa mbinguni anajua mahitaji yako kabla ya kuitamka. (Sura ya 26, 5)

Kristo anaeleza, anarekebisha na anatafsiri neno kwa kina:

Ni yule anayetekeleza kwa kiwango cha chini Sheria ya ukweli ndiye aliye na haja ya maneno mengi katika sala na kwa kuongea katika maisha yake ya kila siku. Anarudilia maneno hiyo hiyo isiyo na maana wala nguvu.

Yule anayesimulia sana kuhusu sheria ya upendo na ya Uzima, yaani yule anayetamka hotuba nyingi kuhusu hayo hawezi kamwe kujaza maneno yake na nguvu na Uzima kwani mwenyewe hajazwi na Sheria ya Mungu. Hata kama maneno yake yametumiwa kwa ufasaha na mantiki kwa lengo la kuonyesha kwamba maneno hayo yanajaa upendo, yanabaki ya ubinafsi na bila upendo. Maneno yasiyojaa Uzima haifiki nafsini mwa mwenzio na hivyo haigusi moyo wa yule anayeacha upendo wa Mungu utende kazi ndani mwake na kupitia yeye. Yule anayesimulia kuhusu Sheria ya upendo na ya ukweli bila kuishika, anazusha mabishano marefu na wale wanaomsikiliza, ikiwa huyo bado anategemea mambo ya nje.

Elewa kwamba mtu anayefanya mabishano-marefu kuhusu Sheria ya Mungu haijui. Hakika yule anayetafuta kufanya mjadala na wenziwe ana uhakika wa kuwa na ujuzi mwingi na ukweli kuwazidi. Japo kwa kutenda hivyo, kwa kweli anaonyesha kutofahamu kitu kwake na kuwa na imani haba juu yake mwenyewe na ndiyo sababu anafanya mabishano.

Kinyume na mtu huyo, yule aliyepata ukweli hafanyi mabishano kuhusu ukweli, hata pia kuhusu imani. Neno «Imani» ina ndani mwake pia dhana ya ujinga. Jambo ambalo mtu hafahamu na ambalo hawezi kuthibitisha analiamini tu. Yule anayeamini ukweli hajapata bado ukweli wa milele. Haendelei bado katika mto wa ukweli wa milele. Imani yake bado ni kama upofu.

Lakini, yule aliyepata ukweli wa milele hana tena haja ya kuuamini ukweli huo, anaufahamu kwani anatembea mwenyewe ndani ya jito la ukweli. Yeye ni mtu mwenye hekima kwani amegundua ndani mwake kitu cha ukweli. Watu wenye busara wa kweli hupumzika ndani mwao. Huo ndio uhakika na utulivu wa kiroho. Hawabishani kuhusu imani, kwani wamefikia kwenye hekima iliyo ukweli kupitia imani.

Mtu anayefurahia tu kuamini Mungu ila asiyejua kwa kina ukweli wa milele, Sheria ya milele, atajaribu kuongea kuhusu imani yake.

Hivyo hivyo, atafanya sala ndefu kwani maombi yake haitiwi nguvu na upendo usiolenga faida. Anadhani kwamba kwa kunena maneno mengi, anaweza kumsadikisha Mungu au kumshawishi. Jinsi anawaza kwamba Mungu anaweza kufafanua sala zake, anadhani kwamba anaweza kujielewesha Kwake.

Tambueni kwamba, jinsi mtu alivyotawaliwa na ukweli wa Mungu, ndivyo pia ana haja sana ya maneno kwa kujieleza, ni mamoja pia katika sala zake. Sala zake ni fupi ila zina uwezo kwani maneno yake yanamulika nguvu anazoziishi.

Tenda kwa mjibu wa sala zako

Ndiyo sababu, ombeni hivi mkiwa pamoja: Baba Yetu uliye Mbingu, Jina Lako litakaswe. Ufalme Wako uje. Mapenzi Yako yatimizwe duniani kama vile Mbinguni. Utupe siku zote chakula chetu cha kila siku na matunda ya mzabibu ulio hai. Na kama jinsi unavyotusamehe dhambi zetu, tuweze kuwasamehe wengine. Usituache tukiwa majaribuni. Bali utuokoe na uovu. Kwa kuwa ufalme, nguvu na utukufu ni vyako milele na milele, amen. (Sura ya 26, 5-6)

Kristo anaeleza, anarekebisha na
anatafsiri neno kwa kina:

Sala ya ushirika ya Baba Yetu hutamkwa kwa maneno na maudhui tofauti kwani kila shirika la watu linasema sala hiyo kwa mjibu wa uwezo wake wa upendo.

Nilipokuja duniani katika mwili wa Yesu wa Nazareti, nilifundisha sala ya ushirika ya Baba

Yetu katika lugha ya mama, yaani kupitia maneno na maudhui tofauti na yale ya nyakati ziliyofuata na za lugha nyingine.

Maneno si muhimu, cha muhimu ni kutekeleza sala! Hivyo kila neno linalotamkwa linajaa upendo, nguvu na hekima.

Usisali kwa maneno ya juu juu, usitafute kusema kimoyomoyo neno kwa neno sala ya Baba Yetu niliyowafundisha mitume Wangu. Cha muhimu ni kuchochea upendo kwa Wamilele na kwa wenzi wako cha muhimi ni maneno na maudhui ya sala zako vilingane na maisha yako.

Watu waliojazwa na ukweli wa milele, na upendo na pia hekima ya Mungu husali kwa namna tofauti na wale wanaosali tu kwa sababu wamefunzwa kuomba au tena kwa sababu ni wanamemba wa dhehebu ambamo sala zinatamkwa kimoyomoyo kwa mjibu wa imani ya dhehebu lenyewe.

Wale walio njiani kuelekea chimbuko lao la kimungu huomba kwa hali huru yaani wakitumia maneno yao binafsi inayojaa upendo na nguvu.

Watu wanaoishi katika Roho wangu, wanaojaa hekima na upendo wa Mungu, watu wanaotekeleza Sheria katika maisha yao ya siku zote, wanashukuru Mungu kabla ya yote kwa Uzima na pia vitu vyote. Wanamsifu na kumtukuza Mungu na kumtolea zaidi sana maisha yao kihisia, kifikra na kimatendo kwa sababu wamekuwa Uzima utokanao na Uzima Wake.

Waume na wake katika Roho wa Bwana hutekeleza sala zao. Hayo yana maana kwamba wanatimiza siku zote zaidi Sheria za Wamilele na kwamba wenyewe wamegeuka sala, yaani wanatukuza Mungu kwa moyo wao wote.

Hakika mtu anayetimiza mapenzi ya Mungu anaabudu Mungu sana. Hafurahii tu kuheshimu Amri zake, amegeuka mwenyewe kwa sehemu kubwa Amri ya upendo na ya hekima.

Watu wanaoishi katika ufalme wa amani wa Yesu-Kristo unaokua sasa, ufalme ambao mimi ndiye mtawala wake na Uzima, watatimiza sana Sheria ya Mungu. Wengi wao watakuwa wamegeuka Amri, yaani wanadamu wanaowakilisha Uzima au Mungu katika fikra, maneno na matendo yao yote. Hitaji yao itakuwa ya kuishi ndani Mwangu na ya kutimiza Sheria ya milele. Ni kupitia maisha yao ambayo imekuwa Sheria ya Mungu ndiyo watamshukuru Mungu wakimshukuru kwa ajili ya Uzima.

Kumshukuru Mungu, ni kuishi ndani Mwake. Maisha yao ambayo tu ni shukrani itaendelea katika Ufalme wa amani.

Wataomba kwa mjibu wa maneno yafuatayo, ambayo watatimiza kila siku maishani mwao:

Baba yetu, Roho wako yumo ndani mwetu,
na sisi tumo ndani ya Roho Wako.
Jina lako la milele limetukuzwa nasi
ndani mwetu.
Wewe ni Roho wa Uzima.
Majina yetu ya milele yanatoka kwako.
Ni Wewe, Wamilele, uliyetupa majina hayo,
na ukatia ndani mwao ujazo wote wa kile
kisicho na mwisho.
Majina Uliyotupa wakati wa kutupumzia
punzi ya uhai, ni upendo na hekima,

ujazo toka Kwako, sheria ndani mwetu
na kupitia sisi.
Ufalme Wetu wa milele hauna mwisho,
nguvu na uzuri vitokavyo kwako.
Tupo warithi wa Ufalme wa milele.
Ndiyo sababu sisi ni Ufalme huo,
nchi ya milele.
Nchi hiyo imo ndani mwetu na inatenda
kazi kupitia sisi.
Mapenzi Yako safi na isiyo na mwisho imo
ndani mwetu na inatenda kazi ndani mwetu,
nguvu ya mapenzi Yako ndiyo pia nguvu
ya mapenzi yetu.
Inatenda kazi ndani mwetu na kupitia sisi
kwani sisi ni Roho toka Roho Wako.
Mbingu si anga wala nyakati,
Mbingu na Dunia ni kitu kimoja kwa kuwa
tumeungana ndani Mwako.
Upendo na nguvu ndani mwetu na kupitia sisi
ni mkate wetu wa kila siku.
Wewe, Baba wa milele na wa ajabu,
umetia ndani mwetu vyote vinavyotoa
mtetemo ndani ya Enzi isiyo na mwisho.

Unaumba kupitia sisi Mbinguni na Duniani.
Tupo ndani mwako,
na Unatenda kazi ndani mwetu na kupitia sisi.
Tunajazwa ndani ya Roho wako,
kwani tupo Roho toka Roho Wako.
Tupo matajiri ndani Mwako
kwani tunatumia urithi wetu yaani enzi
isiyo na mwisho itokayo Kwako.
Urithi wetu wa milele ambao ni
Roho toka Roho Wako,
anayetoa yote tunayohitaji kama wanadamu
ndani ya Ufalme wa amani.
Tunaishi ndani mwako na kupitia Wewe.
Uzima unatiririka na unajitoa.
Tunaishi katika ukamilifu wa Mungu kwani
Sisi wenyewe ni wakamilifu.
Dunia ni Mbingu, na Ufalme wa amani
ni utajiri wa Dunia, utajiri ambamo tunaishi na
ambamo tulimo, Roho toka Roho wako.
Tunaishi ndani ya Ufalme wa kiroho,
na japo tupo wanadamu wanaoonyesha
katika mwonekano wao wa nje nuru iliyo
ndani mwao.

Jina la Bwana limetukuzwa,
Yeye ni Uzima ndani mwetu
na kupitia sisi.
Jina la Mungu ni Amri tunazotekeleza,
Amri ya upendo na ya uhuru.
Dhambi ilitupiliwa mbali nuru ikaja.
Tunaishi kwa msaada wa nuru yake,
ndani na kupitia Roho Wake,
kwani tupo Roho toka Roho Wake.
Katika Mungu dhambi zote zimeondolewa.
Jina lake lilitakasa vyote.
Ukuu wa Mungu utukuzwe!
Mapenzi, upendo na hekima ya Mungu
vinaenea duniani na ndani ya mazingira.
Tupo sisi wenyewe dunia na mazingira –
mapenzi ya Mungu, upendo na hekima.
Ndani mwetu mna wema wa Mungu,
mna yaliyo mema na yatokayo kwa Mungu.
Tupo ndani ya Mungu
na tunatenda kazi kupitia Mungu.
Basi Dunia ni ya Bwana,
Dunia ni ufalme wa upendo unaotenda kazi
ndani mwetu na kupitia sisi.

Uzima, Ukamilifu wa Baba,
unatenda kazi ndani mwetu na kupitia sisi,
milele na milele.

Maneno hayo ya sifa inaonyesha maisha ya wale watakaoishi katika Ufalme wa amani wa Yesu-Kristo. Wataishi ndani mwangu, Kristo, na Mimi nitaishi kupitia wao: pamoja tutaishi ndani ya Mungu Baba-Mama, na Baba ataishi ndani mwetu milele na milele.

Pata kisomo chema katika hali mbovu

Kwani mkiwasamehehe wenzenu dhambi zao, Baba yenu wa mbinguni atawasamehe pia. Lakini msipowasamehe wenzenu dhambi zao, Baba yenu wa mbinguni hatawasamehe kamwe dhambi zenu pia.

Tena wakati mnapofunga, msiwe na hali ya uzuni kama wanafiki. Kwani wana mwonekano wa wenye kufunga. Kwa kweli, Ninawaambia, wamekwisha kupokea ujira wao.

Na Ninawaambieni, hamtaingia katika Ufalme wa Mbingu ikiwa hamjitenge na Dunia na ukatili wake. Hamtamuona kamwe Baba wa mbinguni ikiwa hamuheshimu sabato na mnaendelea kujirundukia utajiri.

Lakini Wakati unapofunga, nyoa vema nywele zako na osha vema uso wako kusudi wasikutambue kufunga kwako. Na Mmoja mtakatifu aonaye mambo ya siri atakuonyesha shukrani yake machoni kwa wote. (Sura ya 26, 7-9)

Kristo anaeleza, anarekebisha na
anatafsiri neno kwa kina:

Amri ya msamaha na ya kuomba msamaha itabaki hadi muda ambapo yote yaliyo kinyume cha Sheria ya milele itakapolipizwa na kurekebishwa. Amri hiyo ni sehemu ya kanuni ya panda na vuna. Itaacha kutumika hadi muda ambapo yote yaliyo ya hali ya kiutu yatakapoondolewa na muda ambapo nafsi zote zitageuka upya tena viumbe safi vya kiroho visivyo na dosari.

Hadi hapo, amri: «Sameheni na mtasamehewa» itabaki ya muhimu. Ukimuomba mwenzio msamaha na akikusamehe, basi Baba yako aliye mbinguni pia atakusamehe. Ila ukimuomba msamaha na ikiwa mwenzio hakusamehe kwa sababu hayupo tayari bado, Baba yako wa milele hawezi kamwe kukusamehe. Yule aliyemfanyia uovu mwenziwe ni lazima apewe mshamaha kwanza. Baada ya kusamehewa na mwenziwe ndipo Mungu hufuta dhambi.

Wamilele aliye mwenye haki anapenda wanae wote hata wale wasio bado na nguvu ya kusamehe. Mungu angelimsamehe yule aliyesababisha mwenziwe atende dhambi bila ya kusamehe yule aliyeshawishiwa kutenda dhambi na ambaye hajasamehe bado – Haki ya Mungu ingekuwa wapi? Wote wawili wataingia mbinguni tu muda ambapo dhambi zao zitasamehewa na kurekebishwa.

Ndiyo maana, angalisho kwa chote kinachotoka kinywani mwenu na fanyeni bidii ili matendo yenu yaheshimu sheria ya milele, yaani yasilenge faida yoyote. Hakika muda kitambo sana watosha kwa kutenda dhambi, lakini msamaha huchungwa kwa muda mrefu.

Ikiwa umemuomba msamaha jirani yako naye asipokuwa bado tayari kukusamehe, neema ya Mungu itaongezeka ndani mwako, itakuzunguuka na kukubeba bila ya Mungu kukuondolea uovu ambao haujarekebishwa. Rehema ya Mungu pia nayo itajichochea ndani ya jirani yako kusudi ya kumsukuma, kwa njia ya uamzi huru, atambue haraka makosa yake, ayatubu na kukusamehe. Ni baada tu ya kusamehewa na wote uliowakosea ndipo, yote itakaporekebishwa na Kufutwa, ndipo utakapoweza kuingia mbinguni, kwani Mungu amebadilisha kuwa nguvu za kimungu yote yaliyokuwa ya kiutu ndani mwako.

Mungu yupo mahali pote. Ndiyo sababu anatenda kazi ndani ya kanuni ya panda na vuna. Ndani ya chote kilicho kibaya mna jambo njema, yaani Mungu, sheria ya milele. Mtu akitambua makosa na dhambi zake na akizitubu, nguvu chanya zilizomo hutenda kazi na kumuongezea mtu huyo nguvu ya uamzi wa kurekebisha dhambi alizozitambua kwa msaada wa Kristo.

Elewa Sheria ya Mungu: sheria hiyo ni uzima wa milele daima. Kwa kifupi, yote imo ndani ya yote. Ndani ya kitu kisicho na mwisho mna kitu kidogo mno, na ndani ya kitu kilicho kidogo mno mna kikubwa mno. Ndani ya dhambi mna nguvu ya kusamehe na ndani ya nguvu zilizotokana na msamaha mna nguvu za kupaa kwenye uzima wa kiroho, kwenye Uzima wa milele.

Ndiyo sababu hali ya kimungu inatenda kazi ndani ya hali mbovu, hayo ikiwa mtu anaomba msamaha kwa moyo wote, akisamehe na kuacha uovu. Hata hivyo ni wajibu wa mwanadamu kupiga hatua ya kwanza kuelekea kwenye uzima wa kiroho.

Tambueni kwamba hata mfanye nini, hata muombe, hata mfunge na kutoa msaada, ikiwa hamtendi hivyo bila kulenga faida bali kwa ajili ya kujulikana na majirani, tayari mmekwisha kupokea malipo yenu toka watu. Mungu hatawalipa kamwe. Na ikiwa mnafunga tu kwa ajili ya kugonda, hamtakuza kamwe ndani mwenu Roho wa Baba. Ila, mtu anayekula kwa jina la aliye juu mno na asiyekula ulafi, anayefunga mara na mara kwa ajili ya kuburudisha mwili wake na kuutakasa kusudi nguvu ya Mungu iweze kulisha jinsi ipasavyo chembe zote na viungo vyote vya mwili wake, mtu huyo anajitahidi pia kiwazi kukubali na kupokea ndani mwake Uzima unaotoka kwa Mungu, kwa ajili ya kuishi ndani ya uzima huo. Pamoja na hayo, katika sala, anamtolea Mungu wamilele maisha yake kusudi hatua kwa hatua mwenyewe ageuke sala iliyotiwa katika matendo.

Msililie wafu wenu

Fanyeni hivyo pia wakati mnapoomboleza wafu wenu, na mkiwa kwenye maombolezo, kwani hasara yenu ni faida kwao. Msifanye kama wale wanaovaa waziwazi mavazi ya msiba wakilia na wakichana mavazi yao kusudi wengine wawaone. Kwa kuwa nafsi zimo mkononi mwa Mungu na wale waliotenda mema watapumzika na mababu wao katika Yule aliye milele.

Ombeeni amani na maendeleo yao na muwe na uhakika kwamba wapo ndani ya nchi ya amani ambayo Wamilele aliwaandalia na watapokea mshahara wa matendo yao, na msinungunike kama wale wasio na matumaini. (Sura ya 26, 10-11)

Kristo anaeleza, anarekebisha na
anatafsiri neno kwa kina:

Yule anayelilia wafu angali bado ametengwa na uzima wa milele, kwani anachukua kifo kama mwisho wa uzima. Hajafikia bado ufufuko ndani Mwangu Mimi, Kristo. Anahesabiwa kati ya wafu wa kiroho.

Msililie wafu wenu! Yule anayehuzunishwa na kifo cha mtu hafikirii faida ya kifo kwa nafsi, ambayo – sababu iliishi ndani mwangu – inaingia katika nyanja za juu za dhamiri ya Uzima. Hakika, ikiwa nafsi hiyo iliishi ndani ya Mungu duniani, itaendelea pia kuishi ndani ya Mungu katika aina nyingine za uzima.

Jueni kwamba maisha ya muda ndani ya mwili sio Uzima wa nafsi. Nafsi iliingia ndani ya mwili tu kwa kukaa na kuishi muda mfupi ili kurekebisha na kulipa madeni ya maovu iliyofanya katika maisha tofauti ya awali.

Dunia ni mahali pa mapito tu ambapo nafsi zilizorudi upya kuishi duniani zina uwezo wa kurekebisha uovu wao haraka sana kuliko jinsi ingelifanya katika ahera, yaani upande mwengine wa «pazia ya dhamiri», unaoitwa tena «Kuta za ukungu».

Wakati nafsi inavua vazi lake la kidunia au la kimwili, wenziwe wanalilia tu vazi hilo la nafsi bila kufikiria nafsi iliyouacha mwili huo.

Wakati nafsi iliyoangaziwa inatoka katika mwili wake wa kidunia, inaongozana na viumbe vya nuru- visivyo onekana kwa macho ya watu- vinavyoiongoza kwenye nyanja ya dhamiri inayolingana na fikra na maisha ya mtu huyo ambamo nafsi ilizaliwa upya.

Jueni kwamba nafsi iliyouacha mwili wake wa kidunia muda kitambo inavutiwa muda fulani kwenye watu alioishi nao. Nafsi ikitambua kwamba ndugu zake wanalia kando ya mwili wake, ni jambo la huzuni kwa nafsi. Nafsi ikiwa bado karibu na dunia, inahisi vema sababu gani wenziwe wanalilia mwili wake wa kidunia na sababu ipi hajulikane kama nafsi. Huo ndio uchungu mkubwa wa kwanza ambao nafsi inahisi baada ya kuondoka toka mwili wake; kwani nafsi hutambua sababu gani wamoja wanailia badala ya kuikumbuka kwa upendo na kwa umoja. Nafsi inagundua mawazo mengi ya ubinafsi ya ndugu na marafiki wake wa duniani. Nafsi haiwezi kujionyesha kwao kwa sababu hao hawamhisi. Hakuna mtu anayesikia asemaccho.

Hakuna anayeona kile anachokiona. Nafsi huhisi mambo mengi.

Ninawaalika kufikiria jambo lifuatalo: Je mnanungunika wakati nyoka hubadili ngozi yake, akiondoa ngozi ya zamani na kuendelea na safari yake?

Mfano huo wa nyoka unaonyesha vema kinachofikia nafsi. Wakati wake wa kufa kama mwanadamu, nafsi huacha ganda lake la muda na kuendelea na safari yake. Mnalilia basi kifo cha mwili bila kufikiria nafsi! Yule anayefikiria nafsi anamshukuru Mungu kwa kuiita tena nafsi kwake. Kwani nafsi ilitumia muda wa maisha yake ya dunia kwa ajili ya kumkaribia Yeye. Jueni kwambwa, ni faida kwa nafsi yenyi nuru kutengana na mwili.

Na ikiwa unaonyesha uchungu wa kumpoteza ndugu wa karibu tu mbele ya watu wengine, unawaigizia. Hakika, wewe hufikirii nafsi hiyo wala mtu aliyekuwa nafsi hiyo, bali unajifikiria tu wewe mwenyewe. Nafsi hulihisi jambo hilo na hutambua kwamba haikupendwa bila ubinafsi na labda iliishi tu ili kukidhi maslahi ya ubinafsi wa majirani zake.

Nafsi nyingi zimefikia kutambua jinsi wapendwa wao walivyoishi kwa niaba yao, tendo hilo lilizuia maendeleo yao kama wanadamu na kuwazuia pia kuishi kulingana na tabia za utu wao wenyewe, kwani ilibidi waishi kwa mjibu wa mapenzi na maslahi binafsi ya watu ambao walikuwa wanategemea. Nafsi nyingi hurudilia upya maisha ya duniani kutokana na kugundua mambo ambayo walisahau kufanya. Kisha nafsi zinarudi duniani kwa kupenya «pazia la fahamu» na kujikuta tena miongoni mwa watu waliokuwa wakimtumia. Nafsi zingine tena zinatafuta kufanya mambo ambayo katika maisha ya awali hawakufanikiwa kutenda duniani kama wanadamu.

Mtu akibaki anashikamana na majirani zake au vitu, kama mali, utajiri na nguvu, nafsi yake hurejea tena duniani katika mwili mpya wa mwanadamu. Sababu na nia za nafsi kuzaliwa upya ni nyingi. Kwa mfano, nafsi inapotambua kwamba imefungiliwa kwa wapendwa wake kwa ajili ya dhambi, mara nyingi inaacha kwenda kwenye nchi ya milele na kutamani tena kuingia katika mwili. Ikitawaliwa na tamaa hiyo, nafsi huishi katika kiwango cha fahamu kinacholingana na tabia yake ya ndani; hapo nafsi hupata mafunzo. Mojawapo ya mambo inayofafanuliwa ni kwa mfano, faida na hasara ya umwilisho mpya. Nafsi inaenda kuzaliwa upya tu ikiwa nyota ambamo mulirekodiwa hali zake nzuri na mbaya yaani mwelekeo wa siku za usoni za maisha yake ya duniani na njia ya kuingia katika mwili mpya, na tena wakati mwili wa mwanadamu unaolingana na kiwango chake cha fahamu inaundwa duniani. Ni katika ganda lile la kiutu ndiyo atajitambulisha wakati wa kuzaliwa.

Mwanamume aliyezaa mwili na mwanamke ambaye ujauzito ulikuwa ndani mwake walivutia nafsi hiyo kwani wana mambo ya kusuluhisha pamoja au tena kwa lengo la kufuata njia ya Bwana kupitia huduma usiolenga faida kwa majirani zao.

Usizingatie mwili wako tu, bali kwanza jishughulishe na nafsi iliyoingia ndani mwako na jitahidi kufanya mapenzi ya Mungu bila kuruhusu watu wengine wakulazimishe kutenda mapenzi yao ya kibinadamu.

Elewa kwamba, hata kama unafanya mapenzi ya jirani yako ili kulinda amani ya nje, mnazizuia nafsi zenu kusitawi kama inavyohitajika. Mnajizuia mmoja kama vile mwengine kutimiza majukumu ambayo nafsi zenu zilikuja nazo duniani ambayo ni kujitakasa na kujiweka huru toka mzigo wa dhambi tulizotenda katika maisha mengine ya awali hapa duniani. Yule anayejiacha aongozwe na wengine, na anayefanya kile wanachomwambia, hata kama anatambua kuwa hayo yanaenda umbali mbali na njia yake mwenyewe, anaishi maisha ya wengine na hupita kando ya maisha yake binafsi duniani. Hanufaiki na siku zake; anatumiwa na watu ambao amejiweka chini ya uongozi wao. Ndio maana hajui njia ambayo angepashwa kuifuata duniani.

Mtu anayewashikilia wanadamu wenziwe kwake kwa kuwalazimisha kutenda mapenzi yake hufananishwa na kizuu kinachochukua nguvu zao. Hajitambui mwenyewe na anajifunga kwa waathiriwa wake, kama vile yule anayejiacha anyonywe nguvu zake anajifunga kwa jirani yake ambaye anamwacha afanye hivyo. Katika maisha mengine au wakiwa ahera kama nafsi, watavutiwa, mmoja na mwengine, mara na mara na kwa muda mrefu ambao hayo yatakuwa muhimu ili wafikie kusameheana.

Watu wawili wanapofungamana, haijalishi ni nani aliyemshikilia mwenzake wala ni nani aliyeacha ashikiliwe na mwenziwe, wote wawili wana mzigo wa dhambi na wanapashwa kutatua, kufuta, kukata kamba hizo zinazowafunga, ili upendo na umoja viweze tena kurejea kati yao.

Hakuna anayeweza kusema, «Sikujua Sheria ya Uzima. Ninawaambia: Musa aliwapa Amri Kumi ambazo ni dondoo za Sheria ya Milele. Na mkiyatimiza, hamtafungamana tena wamoja na wengine, bali mtaishi kwa amani wamoja na wengine.

Tambueni kwamba upendo tu na umoja mnaoonyesha wamoja kwa wengine ndivyo vinaelekeza nafsi na mtu ambamo nafsi imezaliwa upya njia ya uzima wa kiwango cha juu.

Mungu, ambaye ni mwema milele, hunyoosha mkono kila nafsi na kila mwanadamu. Yeyote anayeushika mkono wa Mungu hunufaika na maisha yake ya kidunia. Anafahamu thamani ya siku na ana uwezo wa kuziishi kwa kutimiza amri, yaani, kwa kupanga vema matukio ya siku. Siku moja, akiwa sasa nafsi, atatembea na kupumzika katika Mungu pamoja na wale wote ambao pia wametumia maisha yao ya kidunia kwa hekima, yaani, watu waliotambua na kushinda siku baada ya siku pamoja Nami, Kristo, matukio ya siku, iwe furaha au huzuni.

Iwapo hamjililii wenyewe wakati mmojawapo ya ndugu zenu akiuacha mwili wa kidunia ila mkifurahi katika Roho kwamba nafsi yake, wakati ilikuwepo bado katika vazi la kidunia, ilifahamu maisha yake ya kiroho na ikajiandaa kuyaishi ndipo utaomba kwa furaha kwa ajili ya jirani yako, ukimgeukia Baba, kupitia Mimi,

Kristo. Utamulikia nguvu za upendo upande wa nafsi iliyomkaribia Mungu, ili nafsi hiyo iendelee na mwendo wake kwenye nyanja ya juu sana na ili iungane sana naye.

Nafsi huhisi furaha na huzuni wa wapendwa wake. Nafsi ambazo zimevua vazi lao la kidunia zikiwa ndani mwangu, Kristo, huhisi kuunganishwa, kupitia Mimi, Kristo, na nafsi zote ambazo bado zimezaliwa upya katika mwili duniani. Furaha ambayo nafsi huwa nayo inapogundua kwamba nduguze huikumbuka kwa upendo huijaza nguvu.

Tazama, maombi ya upendo yasiyo na ubinafsi huipa roho nguvu na ujasiri katika njia yake ya kwenda kwa Mungu. Nafsi inahisi umoja uliomo katika maombi hayo na inapokea nguvu za ziada. Hivyo inaweza kujitenga upesi zaidi na hali zake mbovu za kiutu zilizomo bado ndani mwake na kugeuka nafsi huru inayomtegemea tu Mungu, Yeye aliye Uzima, uhuru na upendo. Malipo ya Mwenyezi Mungu ni makubwa kwa nafsi yoyote inayojitahidi kufanya mapenzi yake.

Tambueni kwamba mtu asiye na matumaini ni yule tu anayezungumzia imani yake bila kutimiza kile anachoamini. Hatimaye, mtu aliye na shaka haamini kile anachodhani anaamini. Jambo hilo ndilo linasababisha kukata tamaa.

Mahali palipo hazina yako, ndipo moyo wako upo

Msijirundikie hazina duniani, hivyo ni chakula cha nondo na kutu na inayochukuliwa na wezi. Bali, jiwekeeni hazina Mbinguni, ambazo haziwezi kuliwa na nondo au kutu, na wala zisizoweza kuchimbwa au kuibwa na wezi. Kwa maana hazina yako ipo mahali ambapo moyo wako upo pia.

Macho ni taa za mwili. Ndiyo maana, unapoona vema, mwili wako unajaa nuru. Lakini ukiwa kipofu wala mtu asiyeona vema, mwili wako wote utakuwa gizani. Ikiwa nuru iliyo ndani mwako ni giza, basi giza itakuwa kubwa mno!

Hakuna awezaye kutumikia mabwana wawili. Ama atamchukia mmoja na kumpenda mwingine, au atakuwa mwaminifu kwa mmoja na kumdharau mwingine. Hamwezi kumtumikia Mungu na Ibilisi kwa wakati mmoja. (Sura ya 26, 12-14)

Kristo anaeleza, anarekebisha na
anatafsiri neno kwa kina:

Ni mtu tu asiyemwamini Mungu, asiyeamini upendo, hekima na wema wake ndiye, anayejikusanyia hazina duniani. Watu wengi wanadai kumwamini Mungu, lakini utawajua kwa matendo yao! Wengi huzungumza juu ya upendo na kazi za Mungu, lakini ni kwa tabia zao tu ndipo utawatambua.

Watu wengi huzungumzia Ufalme na utajiri wa kiroho lakini wanajaza tu maghala yao wenyewe na kujikusanyia utajiri wa kidunia ili wapewe thamani.

Tajiri anayejishughulisha na ustawi wake mwenyewe hashuku kwamba ndege mwindaji tayari anakimbilia kuharibu kiota alichokijenga na kuchukua kile anachokiita «mali yake».

Ila, yule anayetafuta kwanza Ufalme wa Mungu hukuza maadili ya kiroho, anajirundikia hazina za kiroho. Hakika atapokea kila kitu anachohitaji katika ulimwengu wa muda, na kwa ziada tena.

Mtu aliye tajiri kiroho hataishi katika uhitaji wa mali ya kimwili. Ila, yule aliye tajiri wa nje na anayekusanya utajiri huo, siku moja atakuwa mhitaji. Yeyote anayejikusanyia hazina duniani siku moja atainyang'anywa ili atafute hazina ya ndani na hivyo apate njia ya Uzima, njia ielekeayo kwenye utajiri wa kiroho.

Muda wote ambapo nafsi haitatafuta Ufalme wa Mungu kwanza, itakosa nuru ya kimungu. Na muda wote ambapo kuzaliwa katika mwili mpya kutawezekana bado, nafsi isiyo na nuru itaendelea kurudi duniani katika mwili duni na hatimaye kuishi katika ufukara, miongoni mwa watu maskini. Siku moja nafsi itafikia kuelewa kwamba hakuna hazina na utajiri halisi pengine isipokuwa kwa Mungu. Yule ambaye moyo wake upo kwa Mungu atakuwa tajiri wa maadili ya kiroho na ataingia katika Ufalme wa amani.

Mimi Kristo nakupa kigezo cha kujua kama umo nuruni au kivulini: «Palipo hazina yako, ndipo palipo moyo wako pia» na hapo ndipo roho yako itakuwa siku moja.

Zingatieni jambo hili: ni vema anayesoma maneno haya na anayeishi katika kipindi hiki cha mpito toka enzi ya zamani kuingia kwenye enzi mpya afanye hima apate maisha yake ya kiroho! Hakika, wakati Enzi Mpya, Enzi ya Kristo, itakapodhihirika katika dunia nzima na watu watakapoishi maisha ya kiroho, wale wanaotegemea maadili ya nje, hawataweza tena kuzaliwa upya katika mwili duniani. Ni mamoja pia kwa matajiri wa dunia hii waliosahau kuwatendea haki maskini na ambao hawataweza tena kulipa deni ya uovu wao kwa kuishi kama maskini miongoni mwa maskini.

Wakati Ufalme wa amani wa Yesu Kristo utakapohitimu hatua nyingine za mageuzi, hakutakuwa tena maskini au tajiri. Wanadamu wote basi watakuwa matajiri katika Roho Wangu kwani watakuwa wamekuza kikamilifu Ufalme wa kiroho ndani mwao. Kwa hiyo wataishi kwenye dunia mpya na chini ya mbingu mpya.

Kwa hiyo, uwe tayari kumtumikia Mungu na jirani zako kwa upendo kwa Mungu.

Tambua kwamba hakuna mtu anayeweza kutumikia mabwana wawili, Mungu na Ibilisi. Ni upendo usio na faida tu ndio unaweza kuunganisha watu wote na mataifa yote duniani kama mwanadamu au katika mazingira ya utakaso kama nafsi, kila mtu siku moja atalazimishwa kuchukua uamuzi: Kumtumikia Mungu au Ibilisi, kuwa upande wa Mungu au dhidi yake. Hakuna mlengo wa kati: ama mtu yupo upande wa Mungu au wa mambo ya Ibilisi.

Tafuteni kwanza ufalme wa mungu

Ndiyo maana ninawaambieni: Msisumbukie maisha yenu, mtakula nini na mtakunywa nini. Usisumbukie pia mwili wako, utavaa nini. Je, maisha si zaidi ya chakula na mwili zaidi ya mavazi? Je, mtu atapata faida gani katika kuumiliki ulimwengu wote na akiupoteza uhai wake?

Waangalieni ndege wa angani, hawapandi, wala hawavuni, wala hawana maghala, na hata hivyo Baba yenu wa Mbinguni huwalisha. Je, wewe hujalindwa zaidi kuliko wao? Ni nani miongoni mwenu anayeweza, kwa hiari yake, kuongeza sentimeta moja kwenye kimo chake? Kwa nini unahangaika sana na mavazi yako? Tazama maua ya shamba yanavyokua, hayatendi kazi wala kuyasuki. Lakini nawaambieni, hata Sulemani katika fahari na utukufu wake wote hakuvaa vizuri kama wao.

Enyi mlio na imani haba, kwa nini Mungu avikaye nyasi za shambani, majani haya yanayomea leo na kesho kutwa kuteketezwa motoni, asiwavike ninyi zaidi tena?

Ndiyo maana, hamgepashwa kuwa na wasiwasi na kujiswali: Tutakula nini? Tutakunywa nini? Tutavaa nini? kama wapagani wafanyavyo. Kwani Baba yenu wa Mbinguni anajua mahitaji yenu haya yote. Jaribuni kwanza kutafuta Ufalme wa Mungu na haki yake na mengine yote mtapewa. Kwa hiyo, msiwe na wasiwasi juu ya shida za kesho, kila siku ina shida na suluhisho yake. (Sura ya 26, 15-18)

Kristo anaeleza, anarekebisha na anatafsiri neno kwa kina:

Yeyote anayehangaikia maisha yake, kwa ajili ya raha yake, kwa mfano, anayejiswali ikiwa atakuwa na chakula, kinywaji na mavazi kesho, hajapangilia kwa njia sahihi; hakika yeye anajifikiria mwenyewe tu na kufikiria kuhusu raha na mali yake. Kwa kufanya hivyo, muda ule anapangilia mateso yake mwenyewe.

Lakini, mtu anayefanya mapenzi ya Mungu ni mratibu mzuri. Anapangilia siku zake na wakati wake ujao, ila anajua kwamba mpangilio wake umo mikononi mwa Mungu.

Anaweka mipango yake mikononi mwa Mungu, anafanya kazi na nguvu za Mungu na kukubali kuongozwa naye maishani mwake kila siku, kwa sababu anajua kwamba Mungu ni Roho ajuaye yote na kwamba Yeye ndiye utajiri wa nafsi yake. Anayejikabidhi kwa Mungu, anayeiweka siku yake katika nuru Yake na anayetimiza kanuni «Omba na fanya kazi», atapata thawabu ya haki. Atakuwa na kila kitu anachohitaji.

Ikiwa Mungu, wa Milele, hupamba maumbile na kuyavika maua ya kondeni, je, hatafanya zaidi sana kumlisha na kumvika mwanae anayefanya mapenzi yake! Usihangaike kuhusu kesho, bali pangilia na weka mpangilio wako katika mapenzi ya Mungu, na Mungu anayejua mpangilio wako atatimiza lililo jema kwako.

Ninakupa mfano: mjenzi mwenye taaluma huchora kwa uangalifu ramani ya nyumba itakayojengwa, akionyeshe sehemu zote. Akikamilisha ramani yake, ataikagua upya tena kabla ya kuiwasilisha kwa mteja ili aikubali. Ikiwa mwishowe mteja anatoa idhini yake, wafanyakazi wataanza kujenga kwa mujibu wa ramani. Mjenzi na mteja hufuatilia ujenzi na kuingilia kati tu ikiwa ramani haiheshimiwi.

Ungepashwa kufuata mfano huo maishani mwako: pangilia kila siku na uipangilie vema! Pia jipe fursa ya mazingatio ambapo unaweza kupata utulivu wa ndani na kutafakari mara na mara kuhusu maisha na mpangilio wako. Ikiwa ratiba kamili ya siku imewekwa mikononi mwa Mungu, Mungu ataijaza na mapenzi yake. Mtu anayetenda hivyo hatakuwa na wasiwasi kuhusu kesho. Imani yake katika uongozi wa Mungu hutokana na fikra zake chanya zilizo chanzo cha maneno chanya na tabia halali. Fikra, maneno na matendo chanya ndivyo vyombo bora vilivyopo, kwani mapenzi ya Mungu hufanya kazi ndani mwao. Kwa maneno mengine, mapenzi ya Mungu, Roho wake hutenda kazi katika kila wazo chanya, katika kila neno lisilo na ubinafsi, katika kila ishara au tendo. Mungu atampa mratibu mzuri vitu vyote anavyovihitaji na vya ziada tena.

Ni yule tu asiyejikabidhi kwa Mungu na anayeacha siku zipite bila kujinufaisha nazo ndiye ana wasiwasi juu ya siku za usoni. Mtu anayeishi akijitegemea mwenyewe na kisha anawalaumu majirani zake anaposhindwa, akiwa mgonjwa, anapokuwa na njaa, wakati hawezi kupata vitu muhimu kwa maisha ya kila siku, ni mratibu mbaya. Ni mwenye mashaka na mbinafsi na hujivutia kile asichokitaka na anachokiogopa. Mtu asiyepangilia mwenendo wa majira, kwa msaada wa Mungu na asiyejitia mwenyewe na mpangilio wake katika mapenzi ya Mungu, hawezi kuongozwa Naye. Ni yule tu anayekabidhi Mungu mchana wake na anayetimiza kwa moyo wote amri «Ombeni na fanyeni kazi» ndiye anayeweza kuongozwa Naye. Anajazwa na Mungu, amejazwa na upendo, hekima na nguvu, hayo yana maana kwamba nafsi yake, maisha yake, yamejazwa na matumaini na imani kwa Mungu.

Watu wanaoishi katika Roho wa Mungu hawatakuwa na uhitaji. Wao ni waratibu wazuri, imani yao ina nguvu, na wanatenda kazi na nguvu za Roho. Anayeogopa ana mashaka dhidi yake yeye mwenyewe, na ubinafsi wake. Anaogopa yale yanayoweza kumtokea kesho, kwa sababu bado hana mizizi ya kina ndani ya Mungu na haamini upendo na hekima Yake. Bila kuyajua, anafungua ghala lake kwa wezi. Atapoteza vile alivyovipata na kujilimbikizia.

Wanadamu hupokea chakula, makazi na mavazi toka mikononi mwa Mungu. Anayeweka uzima, mawazo na kazi yake mikononi mwa Mungu hapashwi kuwa na wasiwasi kuhusu siku za usoni. Atakuwa leo, kesho na siku zijazo na kile anachokihitaji, na zaidi tena.

Yule anayeishi ndani ya Ufalme wa kiroho hataishi kamwe katika uhitaji. Ila mtu, maskini kiroho ataishi katika uhitaji. Ikiwa leo anaishi maisha yanayotegemea maadili ya nje, ikiwa anazidisha na kulimbikiza mali ya kidunia kwa manufaa yake tu, ni kwa sababu yeye ni maskini kiroho. Ataishi kwa uhitaji katika umwilisho unaofuata na kwa hivyo atakuwa maskini.

Kwa hiyo utafuteni kwanza Ufalme wa Mungu na haki yake, ndipo Mungu atakupa kila kitu unachokihitaji na vya ziada tena. Watazame ndege wa angani, hawapandi wala kuvuna wala kuhifadhi chochote maghalani, lakini Baba yetu wa Mbinguni huwalisha. «*Tazameni maua ya kondeni, jinsi yanavyomea; hayafanyi kazi wala kusuka.*» Mazingira, katika utofauti wake yamevikwa vema zaidi kuliko tajiri wa matajiri. Yeyote anayefikiria tu raha yake na kujaza ghala zake atapashwa, katika maisha haya ya dunia, au katika umwilisho ujao – ikiwa bado hayo yanawezekana – kupata mkate kwa jasho la uso wake.

Sala na kazi sahihi ni kutenda kazi kwa manufaa yako mwenyewe na ya wote. Tazama, maua ya kondeni na mazingira yote yapo hapo kwa ajili ya watu wote na vinajitoa kwao kwa namna nyingi. Yule aliye na uwezo wa kuelewa na kuipa thamani halisi amri hii hatalazimika tu kupata mkate wake kwa jasho la uso wake. Ataishi kwa mujibu wa amri «Ombeni na fanyeni kazi» kwa manufaa yenu na ya majirani yenu.

Na andiko «*hawafanyi kazi wala hawafumi*», lina maana kwamba mwanadamu hapashwi kujifikiria tu yeye mwenyewe, kufanya kazi kwa faida yake binafsi na kujipa kipaumbele yeye na mali yake.

Jueni kwamba viumbe vyote vipo chini ya ulinzi wa Mungu, iwe wanyama, miti, mimea, majani au mawe. Viumbe hivyo ni sehemu ya uzima unaoendelea na unaoongozwa na Mungu, Muumba wa milele. Kwa kuwa uhai wote unatoka kwa Mungu, wanyama, miti, mimea, nyasi na mawe pia wana hisia. Wanahisi ndani mwao nguvu ya mageuzi ya Muumba inayochochea uzima wao na kuwaongoza kwenye maendeleo katika duara ya mihula ndefu mno za kimungu. Nguvu za Muumba, Uzima wa milele, hupa viumbe vyote kile vinachohitaji. Karama za Uzima hutiririka upande wa viumbe kulingana na kiwango cha maendeleo yao ya kiroho.

Jinsi Baba wa Milele anafikiria kila jani, anafikiria zaidi sana watoto wake ambao tayari wamekuza viwango vya maendeleo vya madini, mimea na wanyama! Wana wa Mungu wanahifadhi ndani mwao ulimwengu mdogo utokanao na ulimwengu mkuu na kwa hivyo wanawasiliana na ulimwengu wote usio na mwisho.

Yeyote nayehangaikia ya kesho ni masikini wa kiwango kikuu sana! Kwa kutokuwa na uwezo wa kuishi leo, katika wakati uliopo, yaani katika Mungu, anajionyesha kuwa hajayashinda mambo ya kale.

Kile kilicho ndani kabisa ya mwanadamu, Uzima safi, ni asili ya kile kisicho na mwisho. Anayeelewa hayo anageukia moyoni mwake na anaendeleza ndani mwake sheria ya Uzima; hivyo anageuka mwenye uwezo wa kuona yote yaliyo nje au ya kimwili kupitia nuru ya ukweli.

Tambua kwamba, kile kisicho na mwisho hutumikia mtu anayefikiria na kuishi uzima wa usio na mwisho, yaani, maisha bila kikomo. Watu wanaoishi katika Roho wa upendo sio wabinafsi, wanaishi katika dhamiri ya ulimwengu pote. Wamo katika mawasiliano ya mara kwa mara na nguvu za kimungu za viumbe vyote. Wanachokifanya, wanakitimiza kutoka ndani mwao, kwa msaada wa nguvu ya upendo. Wanapangilia na kutenda kwa mujibu wa amri «Ombeni na fanyeni kazi» na hawapotezi siku zao. Wanajua jinsi siku, saa na dakika zilivyo za thamani na wanatumia vema muda waliopewa.

Mtu anayeishi maisha halisi hana wasiwasi juu ya kesho; tangu leo anapokea kile atakachokuwa nacho kesho. Maana akaaye ndani ya Mungu hataishi kamwe katika uhitaji, leo wala kesho. Ila, mwenye kubaki katika hofu na kung'ang'ania mali yake atakuwa masikini kesho.

Ila, yule anayejichukua kama kiumbe cha ulimwengu na anayetimiza bila kukoma mapenzi ya Mungu kwa moyo wote hupokea nguvu na hekima. Maisha ya mtu aliyejazwa na upendo na hekima hujazwa na nguvu za Mungu. Hatakosa chochote. Lakini, yule aliye na mashaka kuhusu kesho na aliyekata matumaini kuhusu siku zijazo huvuta maovu; kila siku yake itakuwa ya shida.

Kwa hivyo usifikirie kwa sikitiko juu ya kesho! Pangilia kwa msaada wa nguvu za Mungu na acha Wamilele afanye kazi kupitia wewe. Fikra zako basi ni sumaku chanya zinazovuta kitu chenye nguvu chanya na cha kujenga. Hakika, Fikra, maneno na matendo ni sumaku. Vinavuta vitu vyenye asili moja navyo.

Usimhukumu jirani yako

Usihukumu, ili nawe usihukumiwe. Kwa maana utahukumiwa kwa kadiri ya hukumu wako na utapimwa na kipimo kilekile unachokitumia. Na unachowatendea wengine ndicho nawe utatendewa. (Sura ya 27, 1)

Kristo anaeleza, anarekebisha na anatafsiri neno kwa kina:

Umesoma kwamba mawazo, maneno na matendo ni kama sumaku. Anayemshutumu jirani yake na kumhukumu, kwa mawazo au kwa maneno, siku moja naye atapatwa na jambo hilo au jambo kama hilo.

Tambua kwamba mawazo, maneno na matendo yako mabaya ndio waamuzi wako. Utapimwa «*kwa kipimo unachotumia*», iwe kimawazo, kimaneno na kimatendo. Jinsi unavyowashushia thamani wengine ili kujikweza, nawe pia utashushwa thamani; utatendewa kile ulicho wewe mwenyewe. Na ukizingatia kwamba ni lazima wamoja waridhike na kidogo walicho nacho na kwamba wengine wana haki ya kupata zaidi, siku moja nawe utakuwa katika hali ya mtu ambaye umempa kidogo au hata utamiliki pia kidogo zaidi. Hakika, jinsi unavyofikiria, unavyozungumzia na kutendea majirani zako, siku moja itakuja kwako kama gongo linalomrudilia anayelitupa.

Anza kujitambua wewe mwenyewe

Kwa nini unakiona kibanzi kwenye jicho la ndugu yako na huoni boriti ndani ya jicho lako? Au unathubutu je kumwambia ndugu yako: Nataka kutoa kibanzi kwenye jicho lako, japo boriti imo ndani ya jicho lako? Mnafiki! Ondoa kwanza boriti jichoni mwako, ndipo utakapoona vizuri zaidi kuweza kuondoa kibanzi kwenye jicho la ndugu yako. (Sura ya 27, 2)

Kristo anaeleza, anarekebisha na
anatafsiri neno kwa kina:

Ni yule tu asiyeaona boriti jichoni mwake mwenyewe ndiye anayezungumzia kila mara kuhusu kibanzi kilicho jichoni mwa mwenziwe . Ni yule tu asiyejua yeye ni nani na vipi anavyofikiri ndiye anayetafuta kuondoa kibanzi kwenye jicho la nduguye. Mtu asiyeona ukweli ndiye yule asiyejitambua wala kubaini boriti iliyo jichoni mwake, yaani dhambi za nafsi yake zinazojidhihirisha machoni pake, haoni ukweli. Mtazamo wake umefunikwa na dhambi. Anaona ndani ya jirani yake tu kile ambacho yeye bado angali: mtenda maovu. Ni yule tu anayejitahidi kuondoa boriti jichoni mwake mwenyewe ndiye anayeona mambo wazi wazi zaidi. Basi anaweza kuona vema zaidi kibanzi kwenye jicho la ndugu yake na kumsaidia kukiondoa, kwa kuzingatia Sheria ya upendo wa jirani.

Yeyote anayemsengenya jirani yake, anayemdharau na kumsingizia, anashuhudia kwa njia hiyo kwamba yeye hajui makosa yake mwenyewe.

Mtawatambua kwa matunda yao! Kila mmoja anajionyesha yeye ni nani kupitia matunda yake. Anayewakasirikia jirani zake na kuwadharau anaonyesha hali yake halisi.

Yule anayeanza kwa kujiweka huru toka makosa yake anaweza pia kumsaidia jirani yake. Kwa hiyo, anayesimulia kwa kudharau makosa ya jirani yake – na kwa kufanya hivyo hatambui boriti jichoni mwake mwenyewe – ni mnafiki.

Msifanye uvutano wa kidini

Msiwape mbwa kilicho kitakatifu, wala msiwatupie nguruwe lulu zenu wasije wakazikanyage na kuwageukia ninyi na kuwararua. (Sura ya 27, 3)

Kristo anaeleza, anarekebisha na anatafsiri neno kwa kina:

Kwenda mahali na mahali, nyumba kwa nyumba, kuhubiri neno la Ukweli ili kugeuza kushawishi watu kiimani, huku mkitumia maneno fasaha ili kuwashawishi na kuwasadikisha wote unaokutana nao, hailingani na Sheria ya milele ya hiari. Kufanya hivyo ni kudharau utakatifu wa ukweli na kuishi kama inavyosemwa katika lugha ya picha: «*Msiwape mbwa kilicho kitakatifu, wala msiwatupie nguruwe lulu zenu.*» Kwa hiyo hupaswi kulazimisha Neno la Mungu kwa jirani zako. Yule anayefikiri kwamba jirani yake ni lazima aamini na kukubali kile anachofikiri kwamba ana uhakika nacho, kwa kweli bado ana shaka juu ya imani yake mwenyewe.

Kuongoa watu kidini ni kutaka kusadikisha. Anayetaka kusadikisha hana uhakika moyoni mwake wa kile anachoshuhudia.

Uwe mfano mizuri wa imani yako na usiwashawishi watu kufuata dini yako. Unaweza kupendekeza imani yako, lakini muache kila mtu huru kuamini au la, aafikiane na maoni yako au la.

Uhuru ndani ya Mungu ni kipengele cha Sheria ya Milele. Jirani yako akija kwako kwa uhuru kukuuliza juu ya imani yako, yeye ndiye anapiga hatua ya kwanza; yule anayetekeleza imani hiyo basi atampa jibu.

Mtu anayeungana kiroho na jirani yake kwa hali ya kimungu hatatafuta kumsadikisha na kumfunga kwenye imani yake, atamfundisha tu mafundisho ambayo yeye mwenyewe ameyaelewa na kuyatekeleza. Ni yule tu aliye na upendo mdogo ulio na ubinafsi anayetafuta kuwalazimisha wengine imani yake.

Kwa hiyo, jihadhari na watu wenye bidii ya kupita kiasi wanaotafuta kwa gharama yoyote kukusadikisha imani yao. Pendekeza ukweli wa milele kwa maneno na maandishi baadaye ishi wewe mwenyewe ipasavyo imani hiyo, kisha wale ambao wamegundua Uzima ndani mwao watakuja kwako.

Ombeni, nanyi mtapewa. Tafuteni, nanyi mtapata. Ubisheni mlango, nanyi mtafunguliwa. Kwa maana wote waombao watapokea na wote watafutao watapata, na mlango utafunguliwa kwa wale waubishao. (Sura ya 27, 4)

Kristo anaeleza, anarekebisha na
anatafsiri neno kwa kina:

Ni yule tu ambaye bado hajaingia katika Ufalme wa upendo ndani mwake kabisa ndiye anayetafuta na kubisha mlangoni mwa uzima wa kiroho. Ufalme wa Mungu unapatikana ndani kabisa ya nafsi ya kila mwanadamu.

Katika njia ya uzima wa kiroho, njia inayoelekea kwenye mlango wa wokovu, hatua ya kwanza ni kutafuta msaada na usaidizi wa Mungu. Hatua ya pili ni kutafuta upendo na haki yake. Ni ndani ya amri za Uzima, ambazo ni maelekezo inayomwongoza katika njia ielekeayo ndani mwake, ndimo msafiri atapata Uzima, upendo na haki ya Mungu.

Hatua ifuatayo ni kubisha mlangoni mwa moyo wako. Mlango huo unaoruhusu kufikia moyoni mwa Mungu hunafunguka tu kwa yule aliyeomba kwa dhati, yule aliyeutafuta na kuubisha. Mlango wa ndani haufunguki kwa yule ambaye mwelekeo wake ni wa kiakili, anayetamani tu maadili na malengo ya nje. Walio na shaka hawataweza kuvuka kizingiti pia.

Kwa hiyo anayeuliza, anayetafuta na kubisha hodi lazima afanye hivyo kwa kumpenda Mungu na si kujaribu upendo wake.

Tazama, yule anayetafuta tu kuujaribu upendo wa Mungu ili kuona kwa kweli kama yupo, atajaribiwa haraka sana. Mlango wa moyo upo wazi kwa wale wanaoishi ndani ya Mungu. Hahitaji tena kuuliza, tayari ameinuliwa juu kwa sababu Mungu anawajua watoto wake. Yule ambaye amerudi moyoni mwa Mungu tayari amepokea nafsini mwake. Hayo yana maana kwamba utajiri wa Mungu unang'aa sana nafsini mwake na kupitia yeye. Yule aliyerudi ndani mwake hana tena haja ya kutafuta, yupo kwake nyumbani katika Ufalme wa kiroho. Yule ambaye kidhamiri anabaki ndani mwake hana haja tena ya kubisha mlango wa ndani, tayari yumo ndani ya Mungu; anaishi ndani ya Mungu na Mungu anaishi kupitia yeye.

Ni wale tu ambao bado wako nje ndio wanaouliza, wanaotafuta na kuubisha mlango na hawajui kwamba ndani ya nafsi zao wana kile kinachowafanya kuwa matajiri kweli: upendo na hekima ya Mungu.

Toa kile unachotarajia

Ni nani miongoni mwenu atampa mwanae jiwe kama akimwomba mkate, au nyoka akimwomba samaki? Ikiwa ninyi mlio waovu bado mnaweza kuwapa watoto wenu vitu vyema, je! Baba yenu wa mbinguni hatawapa zaidi sana wale wamwombao.

Chochote unachotaka wengine wakufanyie, wafanyie, na chochote usichotaka wakufanyie, usiwafanyie pia. Kwa maana hayo ni kwa mjibu wa Torati na manabii. (Sura ya 27, 5-6)

Kristo anaeleza, anarekebisha na anatafsiri neno kwa kina:

Tambua kwamba hampashwi kuwalazimisha watu kama sisi kitu ambacho nyinyi wenyewe hampo tayari kutoa.

Ikiwa unatarajia jirani yako akufanyie kitu, jiulize kwa nini hukifanyi wewe mwenyewe? Kutarajia pesa na bidhaa kutoka kwa jirani yako ili usilazimike kufanya kazi, kuachana na uvivu, au kutarajia uaminifu kutoka kwa wengine bila kuwa mwaminifu mwenyewe, au hata kutaka kukubaliwa na wengine kwa moyo wote bila wewe mwenyewe kukubali moyoni wengine, ni ubinafsi na ni ishara ya umaskini wa kiroho.

Moyoni mwako, huna kila kitu unachokidai kutoka kwa wengine.

Ni kinyume cha Sheria kuwa na tabia ya matarajio inayomlazimisha jirani kutenda, kunena au kuenenda jinsi hakuwa tayari kufanya yeye mwenyewe.

Ikiwa umetambua matarajio uliyo nayo kwa jirani yako, jirekebishe haraka na utimize kile unachodai kutoka kwake.

Lazima yote ni shinikizo ambalo huleta lazima na shinikizo. Kwa kutia shinikizo la namna hii kwa wenzako, unajifunga kwao na unajifanya wewe na yule anayejiacha atiliwe shinikizo kuwa mtumwa wa hali ya chini. Mbinu za kulazimisha, kama vile «Ninatarajia kitu toka kwako, unatarajia kitu toka kwangu – kila mmoja ampe mwenzake kile anachotarajia», husababisha vifungo.

Kilichofungwa hakina nafasi Mbinguni. Viumbe viwili vilivyounganishwa kimoja na kingine vitakutana siku moja, ama katika malimwengu yaliyo mbali au katika umwilisho ujao.

Aina hii ya kifungo haitumiki katika muktadha wa kitaaluma. Kwa kukubali kazi kwa hiari, wakati huo huo umekubali kwamba mtu anayesimamia kampuni atakufanya ufanye kazi fulani kama sehemu ya shughuli yako. Ni kwa namna huru ndiyo umejiunga na sekta fulani ya kazi na timu yake ili kufanya kile unachoombwa. Kwa hivyo, unapochagua kazi, basi lazima pia ufanye kile unachotakiwa kufanya na ambacho kinalingana na sekta ya kazi ambayo umechagua mwenyewe. Msemo «*Unachotaka wengine wakufanyie, wafanyie...*» kwa hiyo hauhusu kazi uliyochagua wewe mwenyewe.

«*Usichotaka wakufanyie, usiwafanyie pia*» maana yake: Ikiwa hutaki kudharauliwa na kuchekelewa, kuibiwa, kutapeliwa, kunyang'anywa mali yako au wakala wako, kutawaliwa, kupigwa na kutukanwa, usimfanyie mtu yeyote.

Hakika, jueni kwamba mnachowafanyia walio wadogo kabisa wa ndugu zenu, mnanifanyia mimi nanyi wenyewe. Usichotaka kufanyiwa usimfanyie mtu yeyote maana kila kitakachotoka kwako kitarudi kwako. Kwa hiyo, chunguza mawazo na maneno yako!

Shindana na jaribu – amua kuwa upande wa Mungu!

Ingieni kwenye mlango mwembamba. Maana njia iendayo uzimani ni nyembamba nayo, waipatao ni wachache. Lakini njia iendayo upotevuni ni pana na mlango wake ni mkubwa, na wengi hupitia humo. (Sura ya 27, 7)

Kristo anaeleza, anarekebisha na
anatafsiri neno kwa kina:

«...njia ni nyembamba kama vile pia mlango uendao uzimani» maana yake ni: Adui anajialika ndani kwa wote wanaojitahidi kuifuata njia nyembamba iendayo Uzimani. Anawaonyesha hazina na mapambo ya ulimwengu huu, kama alivyofanya na Mimi nilipokuwa mwilini katika Yesu wa Nazareti. Kila siku lazima tupinge yale ambayo ni ya kishetani na kuyakataa. Asiyekuwa macho hugeuka mtumwa wake.

Elewa hivi, wale wote wanaochukua hatua za kwanza kuelekea Uzimani mwanzoni wanahisi kama wenye kusongwa na vazi ndogo, hadi muda watakapochukua uamzi wa mwisho, kwani inawabidi hadi hapo waache namna yao ya kibinadamu ya kufikiri.

Hatua za kwanza zinaongoza mahali isiyojulikana, ni imani na uaminifu. Kabla ya kufikia imani na matumaini, njia iendayo uzimani ni nyembamba. Vikwazo vya kwanza vya kushinda katika njia ielekeayo moyoni mwa Mungu ni: Kubadili namna yako ya kufikiri na kuacha tabia zako za zamani za kibinadamu! Tubu, samehe, omba msamaha na usitende dhambi tena! Hii inamaanisha kwa kila mtu kufanya jitihada na kubadili mambo iliyokuwa hadi sasa mazoea yake.

Hata hivyo yule anayestahimili kwa msaada wa nguvu Zangu hatimaye atatoka kwenye njia nyembamba na kufikia njia kuu ya nuru katika Ufalme wa kiroho; atamfuata akiongozana na wasafiri wengine wakitembea katika nuru wakielekea kwenye mlango uongozao kwenye Ukamilifu, kwenye Uzima katika Mungu.

Kila mtu ana changamoto kila siku: kuwa upande wa Mungu au dhidi ya Mungu.

Yule anayeamua kuwa dhidi Yangu kwani anahifadhi mapambo yote ya kibinadamu na hali zote za utu wake, hatakabiliwa na majaribu kwenye njia pana na yenye giza anamopita, kwa kuwa amejitoa mwenyewe kwa mshawishi. Wengi ndio wale wanaosafiri katika njia hii iendayo kwenye upotevu. Hawajaribiwi kama wale wanaosafiri katika njia nyembamba iendayo Uzimani.

Lakini yule anayejitoa kwa mshawishi hukubali wakati huo huo na bila kizuizi kupata mavuno ya upandaji wake.

Ni kwa matunda yao ndiyo mtawatambua

Jihadharini na manabii wa uongo wanaokuja kwenu wamevaa mavazi ya kondoo lakini ndani ni mbwa-mwitu wenye njaa. Mtawatambua kwa matunda yao. Je, waweza kuchuma zabibu kwenye miiba au tini kwenye michongoma?

Hivyo hivyo kila mti mzuri huzaa matunda mazuri, lakini mti ulioharibika huzaa matunda mabaya. Mti wowote usiozaa matunda mazuri ni mzuri tu kakatwa na kutupwa motoni. Kwa hiyo, ni kwa matunda yao ndiyo mtatambua mti mwema na mbaya. (Sura ya 27, 8-9)

Kristo anaeleza, anarekebisha na anatafsiri neno kwa kina:

Mwishoni mwa enzi ya kupenda mali ya dunia, «zama ya tamaa ya vya wengine na ya tamaa kali ya fedha,» manabii wengi wa uwongo watatokea. Watazungumzia mengi kuhusu upendo wa Mungu bali matendo yao yatakuwa ya kibinadamu. Ni kwa matendo yake mema tu ndipo mtu anaweza kumtambua nabii wa kweli au mwenye hekima ya kweli, bali si kwa tendo tu la kuzungumzia kwa kinywa upendo wa Mungu.

Hata hivyo, kipawa cha upambanuzi kinatolewa tu kwa yule anayetathmini hali yake ya ndani: Je, anaamini kweli injili ya upendo usio na ubinafsi, je, anatimiza yaliyomo, na ni nini amefanya tayari kwa upendo usio na ubinafsi kwa jirani?

Utaweza tu kuwajua majirani zako kwa kweli na kupambanua ndani yao mema na mabaya baada ya kufikia kiwango fulani cha ukomavu wa kiroho.

Yule ambaye bado anawahukumu wanadamu wenzake na kuwasengenya kifikra na kimaneno, hawezi bado kuwatathmini kwa haki. Anakosa upambanuzi. Anahukumu tu na hana uwezo wa kuwatathmini.

Ikiwa ninyi wenyewe bado ni matunda mabaya, mnawezaje kutambua mazuri? Mtu asiyetekeleza Amri za Mungu hawezi kusitawisha kipawa cha upambanuzi ili kutofautisha mema na mema kidogo na pia mabaya.

Yule anayetaka kutathmini jirani yake ni lazima aanze kujichunguza mwenyewe ili kujua kama anajua kupambanua mtu mwadilifu na mtu dhalimu.

Inawezekana kabisa kwamba tunda baya linalojiweka mbele kwa kutumia maneno mengi, maneno na ishara zinazoonekana kushawishi, hufurahia kibali cha wengine, huku tunda zuri linakataliwa.

Elewa hili, vitu vinavyofanana hujikusanya pamoja. Tunda lililoharibika lajihisi kuwa karibu na matunda yaliyoharibika kuliko matunda mazuri. Lakini, mtu asiye mbinafsi ni tunda nzuri linalojihisi karibu na wema, karibu na jambo lisilo la ubinafsi.

Mtu asiye mbinafsi anajua jinsi ya kupambanua matunda mazuri na mazuri kidogo na mabaya. Kwa kufikia hilo, ni lazima mtu awe ni matunda mazuri. Tunda zuri tu ndilo linajua kutambua tunda mbaya. Tunda mbaya mara na mara hutafuta kushirikiana na matunda mabaya ili kuyatendea uovu matunda mema. Matunda mabaya yanahukumu, yanatupilia mbali, yanalaumu na kufunga.

Matunda mazuri na yaliyoiva yana uelewa wema na uvumilivu kwa majirani zao. Wanawaambia waziwazi yaliyo mabaya huku wakichunga uhusiano nao mioyoni mwao. Hayo yana maana kwamba hawalaumu tena na kuhukumu.

Narudilia tena, mtawatambua kwa matunda yao.

Tunda zuri hujua tunda baya, lakini tunda baya halijui matunda mazuri. Matunda mazuri huona tu mambo mazuri, matunda mabaya huona tu mambo mabaya. Kila mmoja wao huzungumza na kutenda kama alivyo.

Fanya mapenzi ya Mungu

Sio wote waniitao «Bwana! Bwana! ndio watakaoingia katika Ufalme wa Mbinguni, bali wale wafanyao mapenzi ya Baba yangu aliye Mbinguni. Siku hiyo wengi wataniambia, Bwana, Bwana, hatukufanya unabii kwa Jina lako? Hatukufukuza pepo kwa Jina Lako? Je! hatujafanya miujiza mingi kwa Jina Lako? Kisha nitawaambia: Sikuwajua ninyi kamwe, ondokeni kwangu, ninyi mnaochochea maovu. (Sura ya 27, 10)

Kristo anaeleza, anarekebisha na anatafsiri neno kwa kina:

Licha ya maneno yake kuwa ya kusadikisha, na kufanana kwa sehemu kuwa ya kiroho na inayogusa moyo, yule analiita tu Jina Langu bila kufanya mapenzi ya Baba Yangu ni maskini wa kiroho na hataingia katika Ufalme wa Mbinguni.

Ila, yule anayetenda bila ubinafsi, bila kutarajia malipo au shukran, atimizaye mapenzi ya

Baba Yangu; maneno na mawazo yake ni ya asili moja na matendo yake.

Hakika, ni hisia tu na mawazo yaliyojazwa na Mungu inayotokeza matendo isiyolenga faida. Mawazo yaliyo kinyume na Sheria ya Mungu husababisha maneno matupu na matendo ya ubinafsi.

Jueni kwamba, yule anayejionyesha mwenye kusimulia kupitia Mimi ndiye, anaonekana kusema Neno Langu na kutenda matendo katika Jina langu, na anayeyatekeleza vema, tayari amekwisha pata thawabu yake. Hatapokea nyingine mbinguni. Lakini yule anayefanya kazi za upendo usio na ubinafsi na kufanya kazi ili kupata mkate wake wa kila siku atapata thawabu ya haki huko Mbinguni.

Elewa haya, mkate wa kiroho ni chakula cha kiroho cha nafsi. Mkate unaokusudiwa kulisha mwili lazima upatikane kwa utimilifu wa sheria «Omba na ufanye kazi».

Mkate wa kiroho unatoka Mbinguni unatolewa kwa wale wanaoshikilia Sheria ya Upendo na Uzima na ambao pia wanatimiza amri «Omba na ufanye kazi».

Mungu huwapa wanadamu chakula cha kidunia kupitia Dunia. Matunda yanayozalishwa na ardhi ni lazima yavunwe na kubadilishwa kuapitia kazi ya mikono, na kila kazi inastahili mshaharara wake.

Eleweni hapa tofauti kati ya mkate ulioandaliwa kwa ajili ya roho na ule ulioandaliwa kwa ajili ya mwili wa kidunia! Kwa kweli, zote mbili zinatokana na chanzo kimoja, lakini mmoja ni wa kiroho na umeandaliwa kwa ajili ya roho, na mwingine ni dutu nzito, maada, iliyotengenezwa kwa ajili ya mwili. Kile ambacho Roho mkuu, Mungu, huwapa wanae binadamu ili kulisha miili yao kinahitaji kazi ya kibinadamu: kulima, kupanda, kuvuna, na usindikaji na maandalio yake. Kwa kazi hii, mwanadamu lazima alipwe na wenzake.

Ni yule tu anayetenda kwa upendo wa Mungu na jirani katika kila jambo ndiye atakayekaribishwa katika Ufalme wa Mungu.

Jenga juu ya Mwamba, Kristo

Kwa hiyo, Ninamfananisha yule anayesikia neno Langu na kulifuata na mtu mwenye hekima aliyejenga nyumba yake juu ya mwamba. Mvua ikanyesha, maji yakainuka, pepo zikavuma pande zote za nyumba hiyo na haikubomoka, kwani ilijengwa juu ya mwamba.

Na yule anayesikia Maneno Yangu na kutoyafuata afananishwe na mtu mpumbavu aliyejenga nyumba yake juu ya mchanga. Na mvua ikanyesha, maji yakainuka na pepo zikavuma juu ya nyumba yake na ikaanguka kwa kishindo kikubwa. Lakini mji uliojengwa imara, unaozungukwa na kuta au ulio juu ya mlima na umejengwa juu ya mwamba, hauwezi kuanguka au kubaki ukifichama.

Na Yesu alipomaliza kusema, watu walishangazwa na mafundisho yake. Kwa maana kupitia mafundisho yake aligusa kichwa na moyo wala hakuhutubia kama wataalamu wa torati ambao walifundisha tu kwa sababu walipewa wajibu huo. (Sura ya 27, 11-13)

Kristo anaeleza, anarekebisha na anatafsiri neno kwa kina:

Yule anayesikia na kufuata Maneno Yangu huendeleza maisha yake ya kiroho. Anajenga maisha yake juu Yangu, Kristo mwamba. Hivyo atastahimili dhoruba zote. Baada ya maisha yake duniani, nafsi yake itaingia kwa dhamiri yote katika uzima wa kiroho na hatakuwa ngeni katika uzima huo, kwa kuwa ganda lake la kibinadamu lilikuwa tayari linaishi katika Ufalme wa kiroho.

Roho wa kiunabii ni moto unaowaka ndani ya manabii na watu wote wanaoangaziwa na Mungu. Mungu hasemi kupitia wao kama wafanyavyo wale *«wanaofundisha tu kwa sababu wana wajibu huo»*. Hata wanadamu wakubali au la, manabii na watu walioangaziwa na Mungu wamezungumza daima kwa msaada wa Uwezo wote wa Wamilele, wa Mungu anayesema.

Imeandikwa: *«Aligusa kichwa na moyo.»* Wale wanaofikiri na kichwa wanajadili na kuchambua kile ambacho akili, kichwa, kinahisi.

Licha ya yote, mbegu ndogo ndogo huanguka ndani ya mioyo yao. Upande mwingine, yule anayelikaribisha Neno la Uzima moyoni na kulitafakari pia mara moja huotesha mbegu njema, Uzima.

Ila, anayetaka kuelewa Neno la Mungu akilini mwake tu itamlazimu kutambua siku moja au nyingine – labda tu baada ya mapigo kadhaa ya hatima – kile alichokikataa juu ya mashaka yake na ubatili wa akili yake. Atatambua kwamba Neno la Mungu, mbegu njema iliyomiminwa kutoka kwenye utajiri wa Uzima kupitia manabii na watu walioangaziwa, lingeweza kumwokoa toka mambo mengi.

Jinsi nilivyofikiri, yale niliyofundisha na kuishi kama Yesu wa Nazareti yatatumika kama vigezo vya maisha na mawazo kwa wale watakaoishi katika Enzi Mpya katika Ufalme wa amani wa Yesu Kristo. Kwa hiyo, nitakuwa karibu nao sana. Watanisalimia katika Roho kama Ndugu yao na watanikubali na kunikaribisha kama mtawala wa Ufalme wa Mungu Duniani.

Amri Kumi na mbili za Yesu

Amri Kumi na mbili za Yesu

Biblia ya kile kinachoitwa Ukristo ina Amri Kumi za Mungu, ambazo Musa alileteа wanadamu, na pia baadhi ya vipengele vya mafundisho ya Yesu wa Nazareti.

Katika wakati wetu, kupitia unabii, Kristo amefichua mambo yote muhimu ya maisha yake duniani na mafundisho yake, ambayo yana mambo mengi ya ziada licha ya yale yaliyomo katika Biblia.

Amri Kumi na mbili zifuatazo tayari zilitolewa kwa wanadamu na Yesu wa Nazareti zaidi ya miaka elfu mbili iliyopita. Hizi ndizo amri za Ufalme wa Amani utakaokuja Duniani humu. Ni mwendelezo wa Amri Kumi za Musa zilizofunuliwa na Kristo, Mwana wa Mungu, Mkombozi wa watu wote na roho zote.

Yesu akawaambia, Tazama, nawapeni sheria mpya, ambayo si mpya, bali ya zamani. Kama vile Musa alivyotoa Amri Kumi kwa kabila ya wa Israeli kimwili, ninawapa Amri Kumi na

Mbili kwa ajili ya ufalme wa Israeli kwa mjibu wa Roho Mtakatifu.

Israeli wa Mungu ni nani? Wale wote wa kila taifa na kila kabila wanaotenda kwa haki, upendo na rehema na kufuata amri Zangu ndio Israeli wa kweli wa Mungu.»

Kisha Yesu akasimama na kusema:

«Sikia, Ee Israeli, Yehova Mungu wako ni Mmoja. Nina watabiri na manabii wengi. Wote wanaishi, wanatenda na wana uzima wao ndani Mwangu.

Msichukue uhai wa kiumbe chochote kwa ajili ya kujifurahisha au kujinufaisha, wala tena msikitese.

Msiibe mali ya mtu mwingine, wala msijikusanyie ardhi na mali nyingi kuliko yale mnayohitaji.

Msile nyama ya mnyama aliyeuawa wala kunywa damu yake, wala msile kitu chochote kinachodhuru afya au dhamiri yenu.

Msifanya ndoa chafu ambamo upendo wala usafi hautawali na Msijichafue au kuchafua kiumbe chochote kilichoumbwa safi na Mtakatifu.

Msimshuhudie jirani yenu uongo, wala msimdanganye mtu kimakusudi kwa kusema uwongo ili kumdhuru.

Msimfanyie mtu yeyote kile msichotaka awafanyie.

Nanyi mtamsujudia Mmoja, Baba aliye Mbinguni, ambaye kila kitu hutoka kwake, na kuliheshimu Jina Lake Takatifu.

Waheshimu * *baba zako na mama zako wanaokujali, na hata pia waalimu wote waadilifu.*

Mtawapenda na kuwalinda wanyonge na wanaokandamizwa na viumbe vyote vinavyoteseka kutokana na dhulma.

---

* Kristo alifunua kwamba ilikuwa muhimu kuelewa hapa kwamba «kutukuza» ina maana «kuheshimu»

Mtapata kutoka mikononi mwenu yote yaliyo mazuri na muhimu. Kwa hiyo mtakula matunda ya Ardhi, ili mpate kuishi muda mrefu katika nchi.

Mtajitakasa kila siku, na siku ya saba mtapumzika baada ya taabu zenu, na kuitakasa Sabato na sikukuu za Mungu wenu.

Tabia yenu kwa wengine ni vema ifanane na tabia mnayotaka wawe nayo kwenu.»

Yesu wa Nazareti alikuwa nani?

Utoto na ujana wake

Kitabuni humu mumekusanywa vifungu tofauti vya ufunuo wa Kristo, ambamo mwenyewe anaeleza hadithi ya maisha yake duniani katika Yesu wa Nazareti, kwa upekee ujana na utoto wake.

S170SW • ISBN 978-3-96446-226-8 • Kurasa 46

Roho huru

Mungu ndani mwetu

Kitabu hiki kinamwelekeza msomaji kwenye njia ya uhuru na kinamuwezesha kujitenga na imani potovu, mila ngumu na taasisi zinazotushikilia. Njia hiyo ni njia iongozayo kwa Mungu, kwa Mungu ndani mwetu.

S179SW • ISBN 978-3-96446-247-3 • Kurasa 76

Amri Kumi za MUNGU

zilizotolewa kupitia Musa

na kufafanuliwa katika usemi wa siku hizi

Ni mashauri ya uzima yenye thamani kubwa inayomwezesha mtu kupata Amani ya roho, uhuru na kumsaidia kumkaribia hauta kwa hatua Mungu, Roho huru aliye ndani mwetu na ndani ya viumbe vyote.

S338SW • ISBN 978-3-96446-227-5 • Kurasa 46

Jifunze kuomba

Katika sala ya kweli, unapata maarifa ya Mungu

Sala halisi humfanya mtu awe mwenye raha

Ila, sala halisi huhitaji mafunzo, kwa kuwa sala halisi, tunayoifanya ndani mwetu wenyewe, ni mazungumzo na Mungu.

S174SW • ISBN 978-3-96446-225-1 • Kurasa 54

Vijitabu vitolewavyo bila malipo

- Mnaishi milele.
  Hakuna mauti
- Usikate tamaa! Stahimili!
- Mungu ndani mwetu
- Kumpata Mungu!
  Wapi? Na Vipi?
- Uwezekano wa kuzaliwa upya katika mwili wa mwanadamu
  ni neema ya Uzima
- Mafundisho ya Yesu Mlimani
  Ufunguo wa maisha
  ya kiroho yenye raha

Vitabu hivi vinapatikana pia katika lugha ya kiingereza, kifaransa na nyingine nyingi pia

Infos at WhatsApp/Viber in English: +49 151 1883 8742
Infos par WhatsApp en français: +49 159 08 45 45 05
www.gabriele-publishing.com

www.ingramcontent.com/pod-product-compliance
Lightning Source LLC
LaVergne TN
LVHW050851051026
849532LV00006BA/2200
* 9 7 8 3 9 6 4 4 6 2 8 9 3 *